W0267622

Naturpark Texelgruppe

EX LIBRIS
BÜCHEREI ALPENVEREIN SÜDTIROL

August 1998

Alle Rechte vorbehalten

© Tappeiner - Verlag

© für Texte und Abbildungen:
Amt für Naturparke / Bozen, Südtirol

Text: Florian Blaas, Helmuth Moser, Oskar Niederfriniger, Erwin Raffl

Koordination: Robert Delvai

Gestaltung/Layout: Peter Schreiner

Fotografie
Archiv des Amtes für Landschaftsplanung (40)
Archiv des Amtes für Naturparke (5)
Florian Blaas (1), Robert Delvai (8), Bruno Gheno (1), Erich Gutgsell (1),
Sepp Hackhofer (1), Ernst Hofer (6), Maria Luise Kiem (1),
Helmuth Moser (10), Oskar Niederfriniger (3), Erwin Raffl (3), Renato Sascor (1),
Peter Schreiner (8), Martin Schweiggl (1), Hugo Wassermann (4)

Gesamtherstellung: Tappeiner - Verlag, Lana

Gedruckt auf chlorfrei gebleichtem Papier

ISBN 88-7073-248-7

Naturpark

Texelgruppe

Erwanderte Natur

Amt für Naturparke

Abteilung Landschafts- und Naturschutz

Inhalt

Allgemeiner Teil

Die Wanderungen

Um dem Leser und Wanderer
die Orientierung im Buch und im Naturpark zu erleichtern
ist jede der neun besprochenen Wanderungen

auf folgende Weise aufgebaut:

A Titel und Thema
B Wegverlauf, Besonderheiten, Karte
C Das Wirken des Menschen
D Geologie
E Flora
F Fauna

Vorwort

Die Autonome Provinz Bozen/Südtirol hat sieben von acht vorgesehenen Naturparken errichtet. Unser Ziel, großflächige, für das Land repräsentative Natur- und Kulturlandschaften zu erhalten, ist weitgehend erreicht.

Von Anfang an war eine intensive Informations- und Überzeugungsarbeit notwendig. Anfängliche Skepsis, zum Teil sogar Ablehnung, ist einer breiten Akzeptanz gewichen.
Rückblickend auf eine bewegte Naturparkgeschichte steht fest: die Idee hat sich bewährt.

Mein Dank richtet sich an alle, die das Naturparkanliegen mit Idee und Tat unterstützt haben:
- an die politisch Verantwortlichen auf der Landes- und Gemeindeebene in der schwierigen Zeit der Naturparkausweisung
- an die Mitglieder der Führungsausschüsse der jeweiligen Naturparke
- an die Einheimischen, deren Identifikation mit dem Naturpark und mit den Zielen der Einrichtung ausschlaggebend ist.
- an die Bauern, welche im Umfeld des Naturparks leben und arbeiten, für ihren bewundernswerten Einsatz und ihr Bemühen, im Einklang mit Natur und Landschaft zu wirtschaften.

Von größter Hilfe für die Bildung einer positiven Einstellung zur Naturparkidee war von allem Anfang an der Einsatz von Seiten der verschiedenen Medien in unserem Land.
Meine Anerkennung gilt den Text- und Bildautoren dieses weiteren Bandes der Bücherserie über die Schutzgebiete unseres Landes, die vom Amt für Naturparke herausgegeben wird.

Dem Leser wünsche ich die Freude, das Gelesene in der Natur selbst zu entdecken – bei erholsamen und erlebnisreichen Wanderungen im Naturpark Texelgruppe.

Dr. Michl Laimer

Landesrat für Landschafts- und Naturschutz

Zur Naturparkidee

Die Spronser Seenplatte, der Sonnenberg, der Schneebergzug ... besondere Namen für ein ursprüngliches und vielfältiges Gebiet. Die Texelgruppe verfügt über eine weitgehend intakte Natur, obwohl sich in unmittelbarer Nähe intensiv genutzte landwirtschaftliche Flächen, dicht besiedelte Täler und touristische Ballungszentren finden.
Die Texelgruppe gehört zu den 7 Naturparken Südtirols. Naturparke sind wertvolle Natur- und Kulturlandschaften – mit einer Vielzahl von unterschiedlichen Lebensräumen, mit einer reichen Tier- und Pflanzenwelt, von der Smaragdeidechse bis zur Schneemaus, vom Mäusedorn bis zum Gletscherhahnenfuß. Das grundlegende Ziel der Naturparkidee aus den siebziger Jahren war, diese Landschaften vor großtechnischer Erschließung und vor zerstörenden Eingriffen zu bewahren.
Dieses Ziel ist bis heute unverändert geblieben. Neben dem Natur- und Landschaftsschutz, der durch rechtskräftige Verordnungen gewährleistet ist, werden noch weitere Zwecke verfolgt:
die Forschung – für eine bessere Kenntnis des Gebietes,
die Information und Umwelterziehung,
das Naturerlebnis für die Bewußtseinsbildung des Besuchers.

Maßnahmen wurden und werden ergriffen, um für deren Umsetzung zu sorgen: die Errichtung von Informationszentren, umfangreiches Informationsmaterial, die Pflege der Wege, der Einsatz von naturkundlichen Wanderführern und saisonalen Schutzgebietsbetreuern, Studien zu Lebensräumen, Flora und Fauna, die Unterstützung der Landschaftspflege.
Wenn wir Sie mit dieser Schrift auf Wanderung schicken, so mit dem Anliegen, Verständnis zu wecken für Natur und Landschaft. Das Buch soll Ihnen eine Hilfe sein, die Werte dieses großartigen Raumes zu erkennen und zu erleben, auch das Unscheinbare wahrzunehmen. Wir sind überzeugt, daß das die Voraussetzung ist für die Akzeptanz der Naturparkidee und damit für den langfristigen Schutz unserer Naturparke.

Dr. Artur Kammerer

Leiter des Amtes für Naturparke

Vom Wasser und vom Licht

Naturpark Texelgruppe

(eine Übersicht)

Auch im Tal läßt sich Wissenswertes über Natur und Park erfahren:

Im »Naturparkhaus Texelgruppe« (bei der Mittelschule in Naturns) erlebt man die große Welt der Natur im Kleinen.
Wanderungen unter fachkundigem Geleit ergänzen das Angebot.

Der Naturpark Texelgruppe
(seit 1976 Naturpark)
ist mit 33.430 ha der größte der Südtiroler Naturparke.

Allgemeine Daten

Der »Naturpark Texelgruppe« umfaßt die gesamte Texelgruppe – die ausgedehnte Hochgebirgslandschaft nordwestlich von Meran – zwischen dem Schnalstal im Westen, dem Passeiertal im Osten und dem Alpenhauptkamm im Norden.
Anteil am Naturpark haben die Gemeinden Schnals, Naturns, Partschins, Algund, Tirol, Riffian, Moos in Passeier und Sankt Martin in Passeier.
Die Nähe des Gebietes zu den Tourismuszentren des Burggrafenamts, sichere, gut markierte Wege, auch leicht erreichbare Zugänge machen das Gebiet – vor allem während der Sommermonate – zum Wanderparadies. Zu den Besonderheiten des Naturparks gehören die neun Spronser Seen – die größte hochalpine Seengruppe Südtirols, ein jeder in seiner ihm eigenen Form und Farbe.
Die Texelgruppe wurde seit frühen Zeiten von Menschen aufgesucht. Bei den Spronser Seen hat man Schalensteine gefunden, im Bereich des uralten »Totenweges« von Pfelders nach Dorf Tirol. Auf diesem Weg brachte man im Frühjahr die Toten zur Pfarrkirche St. Peter bei Dorf Tirol, um sie dort beizusetzen.
In der Texelgruppe finden wir die (einst) höchstgelegenen Höfe. Die Obermairalm (1.900 m) und der Rableiterhof (2.000 m), der Metzlaunhof (2.023 m) und der Eishof (2.069 m) werden heute noch als Almhütten genutzt.

Geologie

Der Naturpark gehört den Zentralalpen an. Hier finden sich durchwegs Umwandlungsgesteine – deren Ursprungsmaterial sich schon vor ca. einer Milliarde Jahren an der Erdkruste ausgebildet hat oder zu Beginn des Paläozoikums (vor etwa 580 Millionen Jahren) aus älteren Sedimentgesteinen entstanden ist.
Eines dieser Gesteine ist das Ötztaler Kristallin, das den Hauptkamm (nördlich von Karthaus bis zum Eishof ostwärts) aufbaut, und das Stubaier Kristallin in der Umgebung des Timmelsjoches.
Hauptgesteine sind Gneise mit verschiedenen Anteilen an Biotit, Plagioklasfeldspat, Quarz und Granatglimmerschiefer.

Südlich der Linie von Karthaus – Lodner Hütte – Pfelders erstreckt sich die »Zone der Alten Gneise«, in der rostrote Phyllite und Schiefer sowie hellere Granitgneise dominieren und gelegentlich dunkle Amphibolitstöcke aus der Umwandlung von Basalten entstanden sind.
Vom Tschigat (3.000 m) bis zur Mündung des Schnalstales steht ein mächtiges, teilweise vergneistes Biotitgranitlager an (als »Tschigat-Granitgneis« bezeichnet).
Der Schneebergzug schiebt sich, von Sterzing kommend, über den Grenzbereich zwischen dem Ötztaler Kristallin und den Alten Gneisen. Im weiteren Bereich baut er dann nördlich von Pfelders den Gurgler Hauptkamm (Hohe Wilde) bis ober-

halb des Eishofs auf – und keilt im Süden im Gebiet des Lodners aus. Seine Hauptbestandteile sind die mineralienreichen Biotitglimmerschiefer. Es wurden an die 70 Mineralien nachgewiesen – wie Bergkristall, Disthen, Rutil, Apatit, Calcit, Magnesit, Flußspat, Turmalin ...
Doch vor allem trifft man auf dunkelrote Granate – etwa im Bereich des Seebertales, wo der Granatenkogel steht.
Hier sind zudem mächtige dunkle Amphibolite und Serpentine eingeschaltet.

Am Rande des Schneebergzuges stehen helle Marmorbänder und Kalkphyllite im Kontrast zu dunklen Schiefern – entstanden aus Mergelsedimenten – wie sie an den Nordflanken des Pfelderertales, an der Hohen Weiße und am Lodner zu sehen sind.
Zwar ist die Flora der sauren Urgesteinsböden eher arm, doch erinnert sie in diesen Bereichen an die Pracht der Dolomiten.

Wasser und Eis

Gletscher haben die Landschaft geformt. Wie sehr das Relief und die Sonnenexposition für die Bildung von Gletschern ausschlaggebend sind, läßt sich am Ötztaler Hauptkamm erkennen. Die zumeist nur kleinen Eisfelder an der besonnten steilen Südflanke sind vielfach nur Ausläufer der Vergletscherung an der flachen Nordabdachung, von der sich die Eisströme kilometerweit bis in die Täler herabschieben.
Manche der Eisflächen sind in den letzten Jahren auf dürftige Schneefelder zusammengeschrumpft – oder gar verschwunden. Doch nun treten zutage – so etwa im Talschluß des Ziel-, Pfossen- und Seebertales – Moränenablagerungen und glatte Schliffrücken, auch geriefte Findlinge.
Die Moränen des Schneebergzuges spiegeln dessen in Farbe und Struktur ungewöhnlich vielfältige Gesteinswelt auf eindrucksvolle Weise wider.
Die zahlreichen Seen dieses Naturparks verdanken ihr Entstehen den Gletschern. Felsbecken wurden ausgeschürft, die Kare durch wasserstauende Moränen abgeriegelt. Die Seen, jeder in seiner ihm eigenen Farbe, umgeben von saftigem Grün - sind Oasen mit magischer Ausstrahlung.
Mit einer Höhenamplitude von fast 3.000 Metern umfaßt der Naturpark die gesamte Palette der Lebensgemeinschaften Südtirols – von der submediterranen Vegetationszone bis zum ewigen Eis.

Vom wärmeliebenden Buschwald in die eisige Tundra –
die Reise über Tausende von Kilometern auf der »horizontalen Linie«
entspricht einer Wanderung
von Meran auf die Dreitausender der Texelgruppe.

Zur Flora des Gebietes

An den steilen, trockenen Südhängen bilden die Flaumeiche und die Mannaesche gemeinsam mit anderen Gehölzen – wie Wacholder, Berberitze, Felsenbirne und Kastanie – einen aufgelockerten Buschwald mit einer vielfältigen Blumenwelt.
Die Südhänge der Texelgruppe sind bis etwa 1.000 Meter Höhe vorwiegend mit Laubmischwäldern und Föhren bewachsen. In feuchteren Taleinschnitten sind Eschen, Grauerlen und Ahorne mit vereinzelten Buchen und Weißtannen vergesellschaftet. In trockeneren Bereichen stehen Kastanien, Birken, Flaumeichen, Espen. Rotföhren sind auch kargen und trockenen Böden »gewachsen«.
An den steilen, besonnten, felsigen Hängen des Schnalstales treffen wir auf ausgedehnte Lärchenwälder, durchsetzt von Wacholder und Berberitze.
Pfelderer- und Passeiertal weisen höhere Niederschlagsmengen und zugleich niedrigere Temperaturen auf. Fichtenwälder, vermischt mit einzelnen Lärchen, bestokken in Höhen von etwa 800 bis 1.900 Meter die Hänge.

Zwischen der Waldgrenze (um 1.900 m) und den alpinen Grasheiden liegt meist ein Zwergstrauchgürtel. Mächtige, verwitterte Zirben, krummgewachsene Lärchen und Alpenrosen mit den leuchtendroten Blüten prägen das Bild der Zwergstrauchheide. Besenheide, Bärentraube, Alpenheide, Krähen- und Preiselbeere bilden oft weite Teppiche. Kleine Bestände von Legföhren (Latschen) und Gruppen der Behaarten Alpenrose besiedeln die Kalkböden. Dazwischen wachsen Heidelbeere, Steinröschen, Heidekraut und verschiedene Arten von Moosen.

Über der Baum- und Strauchgrenze bedecken ausgedehnte Rasengesellschaften die Hänge. Typische Vertreter der Alpinen Rasen sind das Borstgras, der Spitzkiel, die Bärtige Glockenblume, der Blaue Speik, auch der Frauenmantel und der Alpenklee.

In schattigen Mulden und Senken siedeln die Zwergweide, der Alpengelbling, der Weichhaarige Mannsschild, die Schwarze Edelraute.
Auf nacktem Fels leben Polster- und Rosettenpflanzen. Sie ertragen Trockenheit und extremes Licht. Mit den langen Wurzeln dringen sie in Spalten und Risse des Gesteins ein.
Als erste besiedeln Flechten und Moose Felsblöcke und Schutthalden – sie zersetzen den Fels und verrotten zu Humus – Voraussetzung für weiteres Leben.

Jede Landschaft beherbergt
eine ihrer Eigenart entsprechende Tierwelt und Pflanzenwelt.

Zur Fauna

Das trockene, heiße Klima des Vinschgaus behagt der Smaragdeidechse, der Gottesanbeterin, der Singzikade, auch zahlreichen Schmetterlingen und Käfern.
Unter den Vögeln finden wir die Zippammer, den Ortolan und den Steinrötel, die Felsenschwalbe, den Eichelhäher und den Wiedehopf.
Laubmischwälder bieten beste Lebensbedingungen für tag- und nachtaktive Kleinsäuger und Vogelarten.
Auch für das Rehwild sind gute Einstände zu verzeichnen.
Nadelwälder sind an Arten weitaus ärmer als die Laub- und Mischwälder. Hier leben Eichhörnchen, Schwarzspecht und Fichtenkreuzschnabel, Winter- und Sommergoldhähnchen und die Tannenmeise.
Im Bereich der oberen Waldgrenze halten sich das Auer- und das Birkwild auf.

Dämmerungs- und nachtaktive Tierarten wie Siebenschläfer, Marder, Dachs oder Fuchs bekommen wir nur selten zu sehen.

Zu Bergwiese und Alm gehört das Murmeltier. Es leben hier das Hermelin (großes Mauswiesel) und der Schneehase.
Über den Weiden sieht man den Turmfalken rüttelnd in der Luft nach Beute Ausschau halten. Auf freien Wiesen und Weiden nisten der Wasser- und Baumpieper.
Setzen die ersten Schneefälle ein, suchen die Gemsen tiefere Lagen auf.

In kleinen Tümpeln und Weihern leben bzw. laichen der Schwarze Alpensalamander und der Bergmolch mit seiner leuchtend orangeroten Unterseite.
In den klaren und frischen Bächen tummeln sich Forellen und Saiblinge.

Den extremen Verhältnissen haben sich die Tiere in ihrer Lebensweise bestens angepaßt – auch in der Felsregion. Gemsen und Steinböcke bewegen sich mit größter Gewandtheit im steilen und unwegsamen Gelände.
In den Wänden errichtet der Steinadler seinen Horst aus Zweigen und Ästen. In schwereloser Eleganz zeigt er sich als wahrer Beherrscher des Luftraumes.

Ein Weg für alle Wege

Der Meraner Höhenweg

In den Alpen bestehen zwar zahlreiche Fernwanderwege,
doch seltener Rundwege, die es dem Wanderer ermöglichen, an verschiedensten Punkten
zu starten. Für die gesamte Strecke benötigt man 5 bis 6 Tage –
um die Gebirgswelt in seiner Vielfalt zu erleben: von den Intensivkulturen im Talboden über die
Almen bis zu den von Schnee und Eis bedeckten Gipfeln.

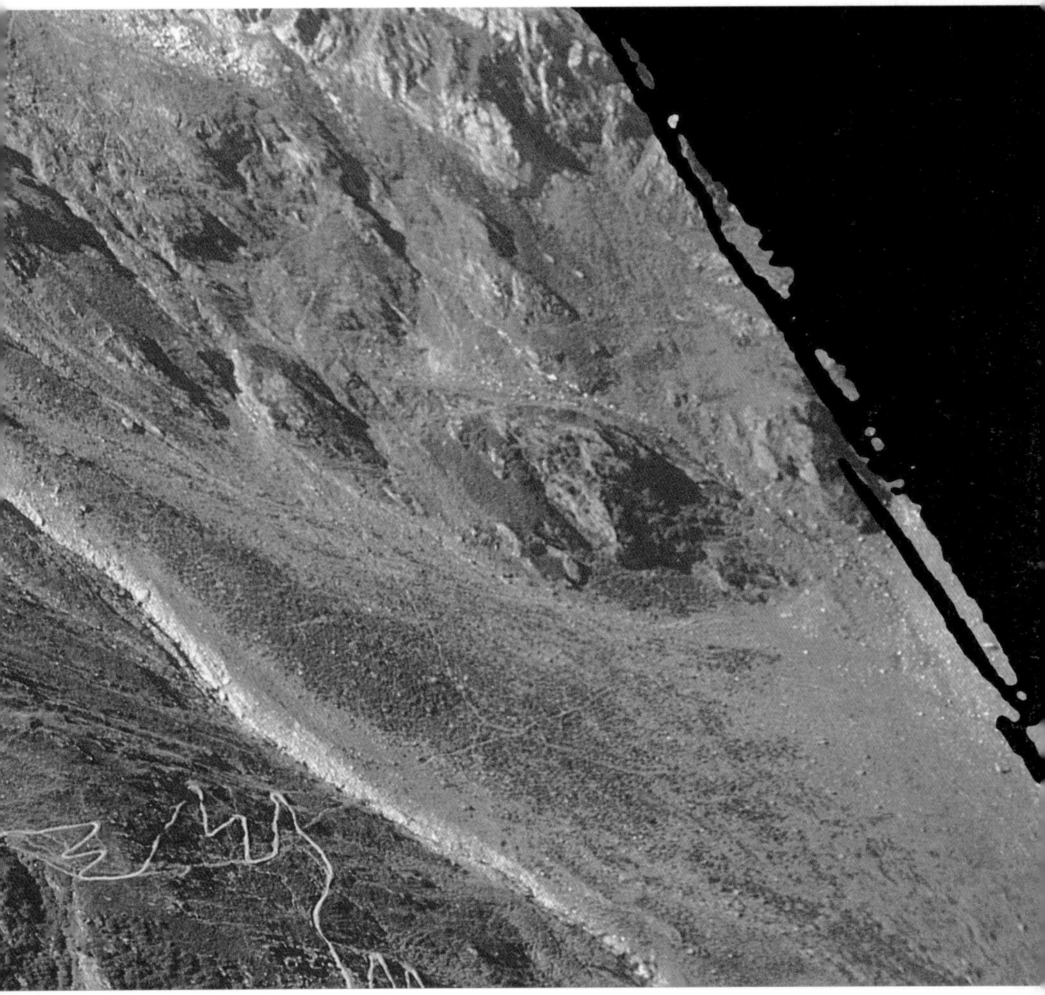

Der »Meraner Höhenweg«
umrundet die Texelgruppe (mit einer Länge von etwa 120 Kilometern).
Im Bild: Saumweg zur Stettiner Hütte.

Wanderung 1

Am Naturnser Waalweg

(Wasser: Leben und Quelle der Energie)

Der Weg scheint eine moderne touristische Anlage zu sein: nahezu eben, streckenweise begleitet vom Wasser, aussichtsreich.
Doch der »Wallburgweg« ist ein »Waalweg« und somit eine alte bäuerliche Infrastruktur.
Er wurde im Jahre 1830 errichtet.

Erste Hinweise auf die »Waale«
finden sich in den Urbaren des Vinschgaus um 1290 unter dem Namen *»aquale«*.
Das Wort könnte auch keltischen Ursprungs sein (*»bual«* = Wasser).

»Waale« bezeichnen im Vinschgau und Burggrafenamt
von Menschen angelegte Bewässerungskanäle.
Sie bringen »Wasser-Wasser« aus den Bergen zu den trockenen Fluren.

Das Wasser des »Naturnser Schnalswaales« wird im Schnalsbach
auf der Höhe von Altratteis mit einer »Schleiß« gefaßt
und mit einem Gefälle von etwa 3,5 Prozent 9 km weit
bis in die Nähe des Fallrohrhofes östlich von Naturns geleitet.
Die flache Trasse sorgt dafür, daß das Wasser nur langsam fließt
und nicht zum »Wildbach« wird – somit
weder Erosionen verursacht, noch Geschiebe ablagert,
was Arbeit und Ärger für die Betreiber des Waales brächte.
Auch hat das Wasser Zeit, sich zu erwärmen.

Um den Waal zu beaufsichtigen und instandzuhalten,
verläuft neben dem Waal
der »Waalweg«, meist als schmaler Steig.

Manche Waale haben über Jahrhunderte hinweg
ihr ursprüngliches Aussehen erhalten.
Doch der Naturnser Schnalswaal
hat einschneidende Veränderungen erfahren:
Von 1909 bis 1912 wurde der Schnalser Abschnitt
bis zur »Stegerfrau« durch einen Stollen ersetzt.
In den Jahren 1965 bis 1967
verlegte man im Bereich des Wallburgweges
den größten Teil in Rohre.

Wegverlauf, Besonderheiten

(Naturnser Waalweg – Wallburgweg)

Am »Wallburgweg« begegnen wir
auf dem ausgedörrten Sonnenberg zwei entgegengesetzten Arten, das Wasser zu leiten:
Wasser im Waal –
als ruhig dahinfließende Nahrungsquelle
und Wasser in der Druckrohrleitung – Energie aus Kraft.

Die mittlere Jahresniederschlagsmenge um Naturns
beträgt nur 500 mm – so ist man weiterhin
auf das Wasser aus den Bergen angewiesen – doch Waale
instandzuhalten, ist heute arbeitsaufwendig und teuer.
Es ist nicht erfreulich, aber verständlich,
daß die Bauern den einfachen Weg gehen und die Waale
auf weite Strecken verrohren.

Wasser ist für die Pflanzen lebensnotwendig –
die Wurzeln entnehmen es dem Boden. In den Blättern wird es
mit Hilfe des Sonnenlichtes zusammen mit dem Kohlendioxyd der Luft
zu Biomasse und Sauerstoff verarbeitet (Photosynthese) –
oder es verdunstet (Transpiration).
Das Wasser bringt aus dem Boden anorganische Mineralstoffe mit
und verleiht Gräsern und Kräutern ihre Festigkeit.
Ohne Wasser "dursten" Pflanzen nicht nur, sie "hungern" auch.
Sichtbarstes Zeichen einer solchen »Fastenzeit« sind welkende Blätter.

Landwirtschaftlich genutzte Pflanzen
müssen also in Trockenperioden »gewassert« werden.

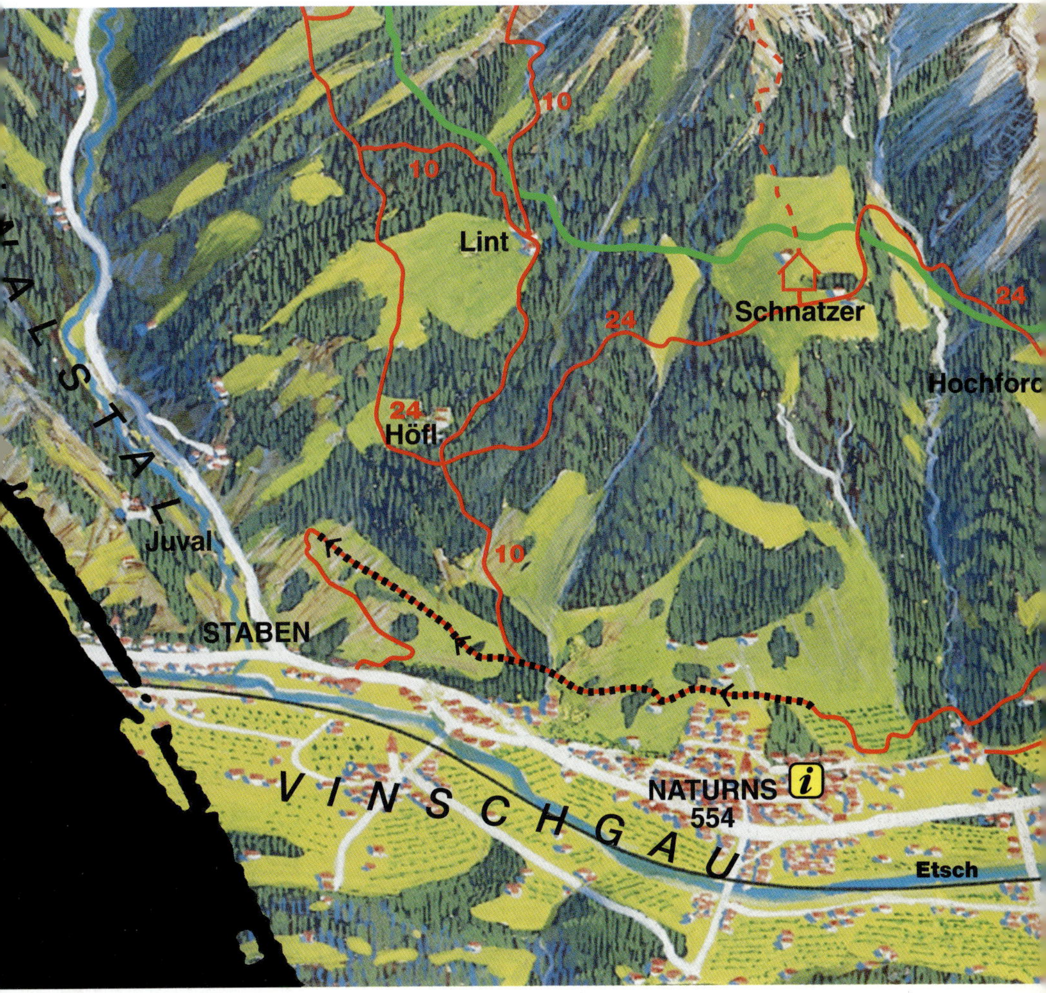

Von der Kreuzung der Sonnenbergstraße mit dem Wallburgweg
(hierher im Auto ¼ h oder zu Fuß ¾ h von Naturns) diesem westwärts folgend – nahezu eben bis zum Felskopf »Stegerfrau«, 770 m, gegenüber von Schloß Juval – und zurück.

Besonders empfehlenswert im Frühjahr – Gehzeit 3 Stunden – Höhenunterschied 50 Meter.

Welche Energien im Wasser verborgen sind,
zeigen »Wildbäche« (wie der Pfossentalbach im Jahre 1987), wenn sie auf ungestümem Weg zu Tal Spuren der Verwüstung hinterlassen.

Wasserkraft

Aufgrund des Wasserreichtums und des steilen Geländes bestehen in der Texelgruppe beste Voraussetzungen zur Nutzung der Wasserkraft. Seit Jahrhunderten versucht der Mensch, die Energie des Wassers zu nutzen. Man errichtete Mühlen, Sägen, Pochwerke.
Gegen Ende des 19. Jahrhunderts begann man, elektrischen Strom zu erzeugen: 1895 entstand das Kraftwerk auf der Töll, 1909 jenes beim Schnalshotel und 1964 das Krafthaus in Kompatsch.
Wasserkraft wird zwar als ungefährliche, saubere, erneuerbare Energiequelle angesehen, größere Kraftwerke beeinträchtigen jedoch das Landschaftsbild (Stauanlagen, Druckrohre, Stromleitungen).
Zudem werden aufgrund oft ungenügender Restwassermengen die umliegenden Lebensräume gefährdet.
Unser Weg quert die Druckrohrleitung Überbichl – Kompatsch. Im Stausee Vernagt und in Vorderkas wird das Wasser gesammelt und von dort in einem 15 km langen Stollensystem quer durch die Berge zum ehem. Hof Überbichl geführt – der Hof wurde 1961 von der Elektriziätsgesellschaft gekauft, nachdem infolge des Stollenbaus das Hauswasser versiegt war. Hier sprengte man ein Wasserschloß in den Felsen (3.300 m≈).
Von Überbichl stürzt das Wasser durch die Druckrohrleitung rund 1.000 Meter hinab in die Turbinen von Kompatsch.

Waalbau

Angesichts schwer zugänglicher Felslandschaften und Schluchten fragt man sich, wie Waale errichtet werden konnten.
Sie wurden »rückwärts« geplant – von den landwirtschaftlichen Gütern aus, sodann »vorwärts« gebaut – von dort, wo der Bach angezapft wurde.
Den Erbauern der Waale kamen mannigfache Hindernisse in die Quere, wie Felsblöcke, steiniges Gelände und Felswände, kleine Gerinne und Murkegel. Während Felsblöcke untergraben oder durchbohrt wurden, leitete man das Wasser über kleine Gerinne, steiniges Gelände und durch Felswände in Rohren oder in Halbrohren (»Kahndln«) aus Lärchenholz, welche mit überdimensionalen Bohrwinden bzw. speziellen Beilen aus einem runden oder der Länge nach halbierten Stamm ausgehöhlt wurden. Um Strecken mit erhöhter Murbruch- und Steinschlaggefahr zu queren, wurden sogenannte »Gschaler« errichtet, in Tagebauweise erbaute Stollen. Ein mit Steinen »aufgemauertes« Gerinne wurde zunächst mit Steinplatten abgedeckt und sodann mit Erdreich überschüttet.

Ein Beruf aus alter Zeit: Wasserwächter, »Waaler«.
Nurmehr selten, doch auch heute noch ist der »Waaler« zuständig für die Beaufsichtigung und Instandhaltung des Waales (z. B. am Kuenser oder Maiser Waal).

Waalerleben

Aufgabe des Wasserwächters ist, den Waal von Frühjahr bis Herbst zu beaufsichtigen und zu pflegen. Er ist täglich unterwegs, reinigt die Rechen vor den Durchlässen und Stollen von Treibgut, leitet bei Gewittern zu jeder Tages- und Nachtstunde das Wasser ab, um die Versandung des Waales oder gar einen Ausbruch zu verhüten, erhält den Waalweg bzw. Waalsteig in tadellosem Zustand.
Mittels der »Waalschelle« (ein von einem Wasserrad betätigter Hammer schlägt in regelmäßigen Abständen auf eine Blechglocke) beurteilt er den richtigen Lauf der Dinge – den ruhigen Lauf des Wassers.
Der »Waaler« achtet zudem darauf, daß kein Wasser gestohlen wird, der Waal also nicht unbefugt angezapft wird.

Am Schnalswaal gab es einst je einen Waaler auf Naturnser und auf Schnalser Seite. Die Schnalser Seite stellte hohe Ansprüche an den Waaler: er mußte schwindelfrei, trittsicher und furchtlos sein – denn ein Drittel des Weges (rund 1,5 km) bestand aus Kahndln mit darübergelegten schmalen Brettern (»Ganglatten«).
Von einem Schnalser Waaler wird berichtet, daß er oft spät in der Nacht, auf seiner Ziehorgel spielend, über die Ganglatten, vorbei an gefährlichen, ungesicherten Abgründen, heimwärts nach Schnals ging.

Wasserwörter

»Schweller« oder »Wieren« (Schleusen) dienen dazu, Wasser »abzukehren« (dem Waal zu entnehmen) und zu den Fluren zu bringen. Die flächenhafte Bewässerung wird durch die Berieselung des Bodens erreicht.
Die »Schwellbretter« werden laufend umgestellt, damit der Boden nicht zu stark durchnäßt wird, da es ansonsten leicht zu Rutschungen kommen kann (»ein Fuchs geschossen wird«, wie die Vinschger Bauern dazu sagen).
Die urtümliche Art der Bewässerung mittels der Waale wurde seit Mitte des Jahrhunderts zunehmend zugunsten der Beregnung aufgegeben. Die Beregnung ist weniger arbeitsintensiv, spart bis zu 60% Wasser und ist zudem sogar hangaufwärts möglich.
Im Obst- und Weinbau entwickelte sich daraus das System der »Tropfberegnung« von einzelnen Bäumen oder Rebstöcken.

Die Welt aus Paragneis

(geologische Aspekte)

Kleinste Fältchen und mächtige Großfalten
im Gesteinsaufschluß
entlang des Wanderweges erinnern
an die gewaltigen Kräfte und Gebirgsdecken-Verschiebungen
bei der Entstehung der Alpen.

Beidseitiger Druck
erhöhte die Temperatur der Gesteine,
welche – weicher geworden –
sich verbogen und verfalteten und dabei
ihre Mineralzusammensetzung veränderten.
Oft bewahrten sie jedoch
ihren Schichtzusammenhang.

Gefalteter Paragneis.

Im Bereich des Wallburgweges, im Südwesten des Parkes, hat die Texelgruppe Anteil an der Vinschgauer Schieferzone. Sie geht hier fließend in die Zone der »Alten Gneise« über. An die Stelle der blättrigen Phyllitgneise des Ortler - Campo - Kristallins tritt – als Hauptgestein – graubrauner Biotitplagioklasgneis, in den sich ein helles, mächtiges, S – förmiges Biotitgranitgneislager einschiebt (Granodioritgneis, Augengneis). Dieser – aus einem breiten und einem schmalen Band bestehende – Granitgneiskörper bricht bei Tschars aus dem Untergrund, verläuft über die Mündung des Schnalstales und den Tschigat (3.000 m) und verliert sich schollenartig im Passeiertal.

Der vorherrschende Gesteinstyp des steilen Naturnser Sonnenberges ist ein zweiglimmriger, granatreicher Paragneis. Mit freiem Auge lassen sich dunkle Biotit- und helle Muskowitglimmer erkennen.

Die Plagioklasfeldspate ($Na[Al/Si_3O_8]$ – $Ca[Al/Si_2O_8]$) in diesen Umwandlungsgesteinen (Metamorphite) sind in der Regel zwillingslamelliert – durchscheinend bis undurchsichtig (mit einer glas- oder perlmutterfarbenen Oberfläche). Einige epidot- und granatführende Amphibolitlager begleiten die einheitlichen Serien dieser Paragesteine. Natrium- und Magnesiumsulfat-Ausblühungen überziehen die Felsen in feinem Flaum.

Die Anwesenheit von Biotitgranitgneis in der Umgebung der »Wallburg« verrät sich im blockigen und kantigen Bruch seiner Massen. In glatten und steilen Wänden fallen die Hänge ab zum Schnalserbach,

Paragneis – aus Ablagerungen umgewandeltes Gestein (aus Feldspat, Quarz und Glimmer). Feldspate sind die wichtigste Gruppe gesteinsbildender Mineralien.

Orthogneis mit großen Feldspataugen.

der sich klammartig durch die Härte dieses Felsens gefressen hat. Im frischen Aufschluß öffnen sich die 2 bis 6 cm großen Alkalifeldspat–Augen (Mikroklin) dieses »Augengneises«. Aufgrund eines einseitig gerichteten Drucks verwob sich die grobkörnige Struktur linsenförmig.
Mikroklin bildet sich in Graniten (Tiefengestein) und Metamorphiten (Umwandlungsgestein) bei mittleren bis niedrigen Temperaturen.
Mikroklin ist häufig mit Quarz und Albit vergesellschaftet. Unter der Sonne blitzt einmal die eine, unter verändertem Winkel die andere Mikroklinfläche auf. Dieser Effekt entsteht, wenn zwei Minerale sich in 180°– Drehung »verzwillingt« haben.

Feldspate haben bis zu 64% Anteil am Gestein der äußeren Erdhülle. Auch in den unteren Etagen der Kontinente und der ozeanischen Kruste stellen sie die Hauptminerale. In Pegmatiten (griechisch *»pegma«*: das Festgewordene) kommen sogar metergroße Kristalle vor. Mondstein und Labradorit, zwei edle Feldspate, schillern von innen heraus.
Verwittern Feldspate, werden sie zu Tonmineralen. Aus deren »Lehmigkeit« nehmen Pflanzen leichter die lebensnotwendigen Mineralstoffe Kalium, Natrium und Calcium auf. Da Tonminerale starke katalytische Wirkung haben, könnten sie vor einigen Milliarden Jahren die ersten Bausteine des Lebens beherbergt haben.

Die Folgen einer Begegnung

(Europa und Afrika lassen die Alpen entstehen)

Im Jahre 1903 entwickelte der Geologe Paul Termier seine noch heute geltende Deckentheorie für die Ostalpen:

1. Der gesamte Ötztal-Stubai-Komplex wurde als Decke über ehemalige ozeanische Gebiete und Schwellen geschoben.
2. Durch die Überlagerung mächtiger Gesteinsmassen erhöhten sich im Untergrund Druck und Temperatur. Dies führte zur Umwandlung der Gesteine.
3. Östlich des Brenners sind die Schichten des Ostalpins bereits abgetragen und die einst tiefer liegenden Einheiten wieder freigelegt.

Das Podest für das Ostalpin wurde bereits in der Erdurzeit angelegt. Ein bedeutender Krustenzuwachs durch magmatische Tätigkeit erfolgte vor 800 bis 600 Mio. Jahren. Mehrere Kontinentalkerne wurden verschweißt – dies führte zur Bildung des Südkontinents Gondwana.
Der Alpenraum lag damals am Nordrand dieses Kontinents. Vor 480 bis 420 Mio. Jahren (Ordovizium bis Silur) verwandelten sich die Ablagerungen des Ostalpins. Aus aluminiumreichen Tonschiefern entstand Glimmerschiefer, aus Grauwacken Biotitplagioklasgneis, die Basalte kristallisierten unter hohem Druck zu Amphiboliten. Reste von Erdmantelgesteinen, die Peridotite, verwandelten sich zu Serpentiniten und Eklogiten. Granite, welche in dieser Zeit intrudierten, wurden später zu grauen Orthogneisen »gestreßt«.
Durch Magmawalzen im Erdmantel angetrieben, prallte vor ca. 40 Mio. Jahren der nordwestliche Teil der afrikanischen Kruste (Apulia) auf den europäischen Kontinent. Anhand von zerriebenen Gesteinen (Mylonit) und Granitbegleitern sieht man diese Kontaktnaht noch heute. Als sogenannte Periadriatische Naht (PN) trennt sie Südtirol tektonisch von Südwest nach Ost in zwei Teile. Sie scheidet die Ostalpen von den Südalpen. Keilförmig drang der Apulia-Untergrund unter die Oberkruste des europäischen Festlandes. Er trennte dabei nicht nur den europäischen Oberbau von den Tiefengesteinen, er schälte auch die eigene Rückenmasse ab und stapelte sie gegen Süden.
Unter dem gewaltigen Druck zersplitterte an den Schwachzonen die Oberkruste des penninischen Ozeanraumes in Späne, die nach Norden verdriftet und als Gebirgsdecken gestapelt wurden. Zugleich schob sich die Front der Apuliaplatte, das Ostalpin, über das gesamte penninische Deckendach und krönte sich zum höchsten Bauelement der Alpen. »Absolute« Altersbestimmungen an den Gesteinen liefern eine Zeitleiste für die Überschiebung des Ostalpins. Vor etwa 150 bis 160 Millionen Jahren kamen die ältesten und obersten Gesteinsserien zum Stillstand. Die untersten Lagen dürften sich vor 85 Millionen Jahren etwas beruhigt haben. Die ostalpinen Decken wurden bis über hundert Kilometer weit über den europäischen Kontinent geschoben. Durch die Einengung des Deckenkomplexes verdickte und verfaltete sich die Erdkruste enorm (30 km). Infolge der Dehnung des erwärmten Tiefenbaus setzte eine großflächige Heraus-

In den Höhen eines Gebirges oder in den Verschluckungszonen der Kontinente warten die Gesteine, um irgendwann erneut in den Kreislauf einzutreten.

hebung ein, welche eine rasche Verwitterung und Abtragung nach sich zog. Flüsse verlagerten die Massen in die Peripherie. Den jüngsten und prägnantesten Schliff erhielten die Alpen durch die Eiszeiten in den letzten 1,8 Millionen Jahren.
Gegenwärtig wird das Ostalpin noch etwa 1 mm pro Jahr gehoben. Auch Erdbeben zeugen von der Bewegung des Gebirgskörpers (Friaul 1976). Prozesse der Abtragung und die Schwerkraft neutralisieren die Hebung und verhindern, daß das Gebirge in den Himmel wächst.

Gerölle, Sand und Mineralien in Bächen und Flüssen zeigen, daß selbst feste Gesteine zerkleinert und in ihre Gemengeteile zerlegt werden.
Zwei Prozesse, die im Wettlauf gegeneinander stehen, prägen die Gestalt der Erdoberfläche. Zum einen türmen »endogene« Kräfte in den oberen Schichten der Erde Gebirge auf – zugleich tragen Verwitterung und Abtragung (»exogene« Kräfte) zum Ausgleich bei. Die Konkurrenz dieser Prozesse läßt sich in jungen Faltengebirgen wie den Alpen gut beobachten. Intensive Hebungsphasen können mit relativer Ruhe wechseln. Je stärker die Hebung ist, desto intensiver kann abgetragen werden.
Gletscher und Bäche führen das Gestein talwärts, lagern es nach Korngröße geordnet in den Flachstücken der Flüsse ab oder verfrachten es als feinkörnige Schwebefracht bis ins Meer (Transport und Sedimentation).
Unter der Last mächtiger Schichten steigen in den Sedimenten Druck und Temperaturen. In Tiefen von 5 bis 40 Kilometern und bei Temperaturen von mehreren Hundert Grad Celsius wandeln sich die Ablagerungen um – es kommt zu Mineralneubildungen (Metamorphose).
Schmelzen Gesteine völlig auf, bildet sich Magma (Anatexis). Steigt es auf, kann es erneut in den Bereich der Erdoberfläche gelangen und austreten.

Bäche führen das Gestein talwärts.

Mosaik von Lebenswelten

(der Flaumeichenbuschwald am Sonnenberg)

Flaumeichenmischwald und Erdsegge

Auf Kuppen und an flachen Hängen baut die Erdsegge ihre dichten Horste auf. Die Baumschicht wird von Flaumeiche, Feldulme, Mannaesche und Waldföhre gebildet. Auf den frischen und tiefgründigen Böden unterhalb des Wallburgweges sind anzutreffen: Fichte, Lärche, Edelkastanie, Zitterpappel, Kirschbaum, Weißbirke, Robinie, Hartriegel, Faulbaum, Steinweichsel und Weißdorn.

An Bachläufen und unterhalb des früher offenen Waales gedeihen sogar Schwarzerlen und Weiden. Auch der Efeu – als Bodenbedecker und als Wurzelklimmer – und die Waldrebe erhöhen als Lianen den Kontrast zur eher kargen Ausbildung des Buschwaldes.
Wo die Baumkronen lichter sind, können Rosenarten, der gewöhnliche Wacholder, Kronenwicke und Blasenstrauch eine üppigere Strauchschicht bilden, in der sich jedoch nur mehr wenige Kräuter durchsetzen können (gelbblühendes Doldenhabichtskraut, gelbgrüner Süßer Tragant und Engblättriges Rispengras).
Wachsen Sträucher allerdings nur spärlich, gedeihen Wärme und Trockenheit liebende Kräuter wie die Filzige Schafgarbe mit ihren goldgelben Zungenblüten, das Öhrchenleimkraut mit seinem flaumhaarigen Stengel, der Feldbeifuß mit seinen haarigen, fiederteiligen Blättern, der Ährige Ehrenpreis mit behaartem Stengel, der aromatisch riechende Thymian und der Rätische Goldlack (Schöterich).

Der Untervinschgauer Sonnenberg bietet ein buntes Mosaik von Vegetationseinheiten, das sich auf Grund der Florengeschichte, der Bodenbildung, des Klimas, der Konkurrenz der Arten und der Eingriffe des Menschen gebildet hat.

Flaumeichenbuschwälder, lockere Gebüsche, vereinzelte kleinwüchsige Bäume und Sträucher, steppenartige Rasen in aufgelichtetem Wald und auf baumfreien Flächen verzahnen sich kleinräumig mit Weingärten, Obstanlagen und Wiesen.

Flaumeichenmischwald und Walliser Schwingel

Wo die Artengarnitur und der niedrigere Baumwuchs zunehmend einen steppenhaften Charakter verraten, trifft man auf die üppigen blaugrünen Horste des Walliser Schwingels.
Die Eiche und die Blumenesche erreichen etwa dieselbe Höhe und nehmen Strauchcharakter an. Lockere Bestände leiten bereits über zu den Steppenrasen, in denen die Arten mit hohem Lichtbedürfnis vorherrschen.

Von den mehr als 30 vorkommenden Arten der Bodenschicht seien hier nur einige »Lichtpflanzen« bzw. »Trockniszeiger« angeführt.

Die Erdsegge

Gräser

Art	*besondere Merkmale*
Bartgras *(Botriochloa ischaemum)*	Ährchen zu 2-5 fingerartig angeordnet, lange Granne
Walliser Schwingel *(Festuca valesiaca)*	Pflanze stark bereift, blaugrün, Horste
Steppenlieschgras *(Phleum phleoides)*	Laubblattspreite mit auffallend weißem Rand
Erdsegge *(Carex humilis)*	Pflanze niedrig, ring- oder halbringförmige Horste

Kräuter

Hasenklee *(Trifolium arvense)*	Pflanze dicht behaart, Blütenköpfe stark zottig
Steinbrech-Felsennelke *(Petrorhagia saxifraga)*	Pflanze dichtrasig, Kronblätter hell lila bis rosa
Ohrlöffel-Leimkraut *(Silene otites)*	Krone gelbgrün, quirlartige Teilblütenstände / Trauben
Heide- (Nadel-) röschen *(Fumana procumbens)*	niederliegend, 5 gelbe, ungleich große Kronblätter

Ornithologische Kostbarkeiten

Die Zaunammer.

Auf dem Weg von Naturns zur Wallburg werden zahlreiche Eindrücke von diesem besonderen Lebensraum vermittelt: steile felsige Hänge mit kleineren und größeren Terrassen, offene, grasige Flächen oder lockerer Wald. Dazwischen eine Vielfalt an Heckenpflanzen – Steinweichsel, Wacholder, Heckenrose, Schlehdorn, Weißdorn, Berberitze, Sanddorn ... vor allem im Herbst mit einer roten, blauen, orangen, schwarzen Beerenpracht und herbstlich gefärbtem Laub.
An diesen Steppenhängen haben Tiere, die aus dem osteuropäischen oder dem mediterranen Raum eingewandert sind, im Lauf der Jahrhunderte einen Lebensraum gefunden:
entsprechende Nahrung, Nistmöglichkeiten, Deckung ...
Unter den Brutvögeln befinden sich besondere Arten, doch sind sie oft nur in wenigen Exemplaren vertreten.
Die folgende Liste weist zugleich auch die gefährdetsten Vögel des Sonnenbergs auf:

Steinrötel *(Monticola saxatilis)*
Heidelerche *(Lullula arborea)*
Ortolan *(Emberiza hortulana)*
Zaunammer *(Emberiza cirlus)*
Sperbergrasmücke *(Sylvia nisoria)*
Brachpieper *(Anthus campestris)*
Zippammer *(Emberiza cia)*
Steinhuhn *(Alectoris graeca)*

Manche Arten haben im Laufe der letzten Jahre erhebliche Bestandseinbußen erlitten. Den Grund dafür kennen wir zuweilen nicht.

Aus der Vogelwelt am Vinschgauer Sonnenberg:

Steinrötel

Das Männchen gehört zu den auffälligsten Erscheinungen der Südtiroler Vogelwelt; das Weibchen ist unscheinbar gefärbt, nur der rostrote Schwanz unterscheidet es von ähnlichen Arten (z. B. Drosseln).
Der Steinrötel benötigt als Lebensraum weite, baumfreie, stark besonnte, felsige Hänge mit Grasflecken und Grasbändern. Die zunehmende Aufforstung der Hänge macht ihm heute das Leben am Sonnenberg schwer, von vielen vertrauten Brutplätzen ist er bereits verschwunden.

Der Steinrötel.

Heidelerche

Lerchen sind wie alle typischen Bodenvögel unscheinbar gefärbt. Es ist ihr Lied, das besticht – oft minutenlanges Tirilieren hoch über den noch baumfreien Wiesen des Talbodens.
Die Heidelerche hingegen hält sich vorwiegend an nicht zu steilen, mit Büschen bewachsenen Hängen auf. Ihr Lied wird weich und melodisch vorgetragen, mit abfallenden, flötenden Lautreihen von melancholischem Charakter. Es ist unklar, ob sie hier noch brütet – es liegen keine Brutnachweise mehr vor.

Zaunammer, Ortolan und Zippammer

Ammern sind Bodenvögel, doch tragen die Männchen gerne von erhöhten Warten aus ihre feinen, zarten Strophen vor. Das Lied des Ortolans gleicht dem der weitaus bekannteren Goldammer. Es verbreitet Melancholie über den weiten, offenen Hängen.
Der Ortolan ist im Laufe der letzten Jahre am Sonnenberg spärlich geworden, ohne daß Gründe bekannt wären.
Die Zippammer kann am regelmäßigsten angetroffen werden.
Sie fällt weniger durch ihr kurzes Lied aus hohen Tönen auf als vielmehr durch ihre Kontaktrufe, die allerdings im Frequenzbereich so hoch liegen, daß sie von manchen Menschen kaum mehr wahrgenommen werden.

Schreck-haftes

(von Gottesanbeterinnen, Ameisenjungfern und Ameisenlöwen)

Namen, die uns das Fürchten lehren könnten,
würde es sich nicht um harmlose Insekten handeln – zumindest
harmlos für uns Menschen.

Die Gottesanbeterin (*Mantis religiosa*) gehört zu den größten Insekten Südtirols. Das Weibchen erreicht eine Länge von 6 - 7 cm, das Männchen ist bedeutend kleiner. Sie ist an grasigen Trockenhängen, an bewachsenen Trockenmauern und in Weinäckern im Bereich der Steppenhänge im Vinschgau nicht selten, ist aufgrund ihrer Tarnung im Gras jedoch nur schwer zu entdecken. Wenn sie bewegungslos auf Beute lauert, nimmt sie eine Haltung ein, die auch der Volksmund zum Anlaß genommen hat, sie als »Gottesanbeterin« zu bezeichnen: Der lange Brustteil wird aufrecht gehalten, die langen, stark bedornten, zu Raubbeinen umgeformten Vorderbeine werden stark angewinkelt und vor dem Kopf zusammengefaltet.

Doch ihr »Gebet« ist Warten: auf Fliegen, Heuschrecken und Schmetterlinge.

Die Gefräßigkeit einer weiblichen Gottesanbeterin geht weit – es sei beobachtet worden, daß sie das viel kleinere Männchen gelegentlich noch während der Begattung verspeist. Dies gilt als Ausnahme im Tierreich, da bei fast allen Tieren eine natürliche Hemmung besteht, artgleiche Tiere zu töten.

Am Wegesrand, versteckt im Sand, lauert der Ameisenlöwe seiner Beute auf. Er ist die Larve der Ameisenjungfer *(Myrmeleon formicarius)*.
Die Jungfer gleicht mit ihren schmalen, durchsichtigen, netzartigen Flügeln und ihrem langen, schlanken Körper einer Libelle. Sie ist hingegen kaum flugfreudig – und begnügt sich bei ihren abendlichen Ausflügen mit kurzen Entfernungen.
Somit wenden wir uns hier mehr dem »Löwen« zu, den wir auch am Tage belauern und dabei seine ausgeklügelt »hinterlistige« Fangmethode testen können.
Der bis 12 mm große, schmutzig graubraune Ameisenlöwe lebt auf feinem Sand. Er baut darin kleine, bis zu 5 cm tiefe Trichter und vergräbt sich in deren Grund – und wartet – bis ein kleines Insekt an der Mini-Böschung aus lockerem Sand in die Grube rutscht – meist eine Ameise. Besteht nun die Gefahr, daß die Beute zu entkommen droht, verfügt der Ameisenlöwe über eine weitere List: er schleudert Sandkörner an den Hang – der Sand an der Böschung gerät in Bewegung und rutscht nach. Es wird dem Beutetier somit unmöglich, den Kraterrand zu erreichen. Am Grunde des Trichters ergreift es der Ameisenlöwe und saugt es aus.
Längs des Weges finden wir häufig die Trichter des Ameisenlöwen. Sie werden – vor Regen geschützt – unter überhängenden Steinen und Grasbüscheln, unter ausgewaschener Grasnarbe oder unter freiliegenden Baumwurzeln angelegt.
Die Trockenheit des Sonnenbergs kommt der Funktion dieser Bauten gelegen.

Längs des Weges finden wir häufig die Trichter des listenreichen Ameisenlöwen.

Wanderung 2

Am Naturnser Sonnenberg

(ein Platz an der Sonne)

Verschiedene Faktoren bestimmen Landschaft und Vegetation –
ihr Werden, ihr Aussehen:
Niederschlag, Temperaturen, Bodenverhältnisse, die Tiere, die Pflanzenwelt und –
heute auf besondere Weise – das Wirtschaften des Menschen.

Die Lebensbedingungen am Sonnenberg sind extrem.
Nur geeignete Erbanlagen und die Fähigkeit, sich anzupassen, lassen
Tiere und Pflanzen überleben.

Wegverlauf, Besonderheiten

(am Naturnser Sonnenberg)

Der Vinschgauer Sonnenberg –
ist zum Begriff geworden
für offene Landschaft, dürre Gräser,
dornige Sträucher.
Für Schafe und »Gruenzen« (Smaragdeidechsen).

Das Geheimnis seiner Eigenheit
ist seine Lage:
inmitten der Alpen, von hohen Bergketten umgeben,
steil, der Sonne ausgesetzt und dem Wind.

An derart trockenen Standorten
überleben auf Dauer nur Arten, die Wärme, Licht und Trockenheit
beanspruchen und sich gegen Tiere zu wehren wissen.
Sie haben besondere Strategien entwickelt,
um Wasser zu speichern,
den Wasserverlust durch Haare
und/oder Oberflächenverkleinerung zu reduzieren
oder mittels eines ausgedehnten Wurzelsystems auch geringste
Mengen an Wasser aufnehmen zu können.
Die Arten stehen im (dynamischen) Gleichgewicht zueinander.
Keine Art vermag so stark zu werden,
daß sie andere Arten zu sehr verdrängen würde.

Wer hier lebt, kann kaum mit Schatten rechnen – wird aber
auch nicht »in den Schatten gestellt«:
Bäume haben am Vinschgauer Sonnenberg nur geringe Chancen.

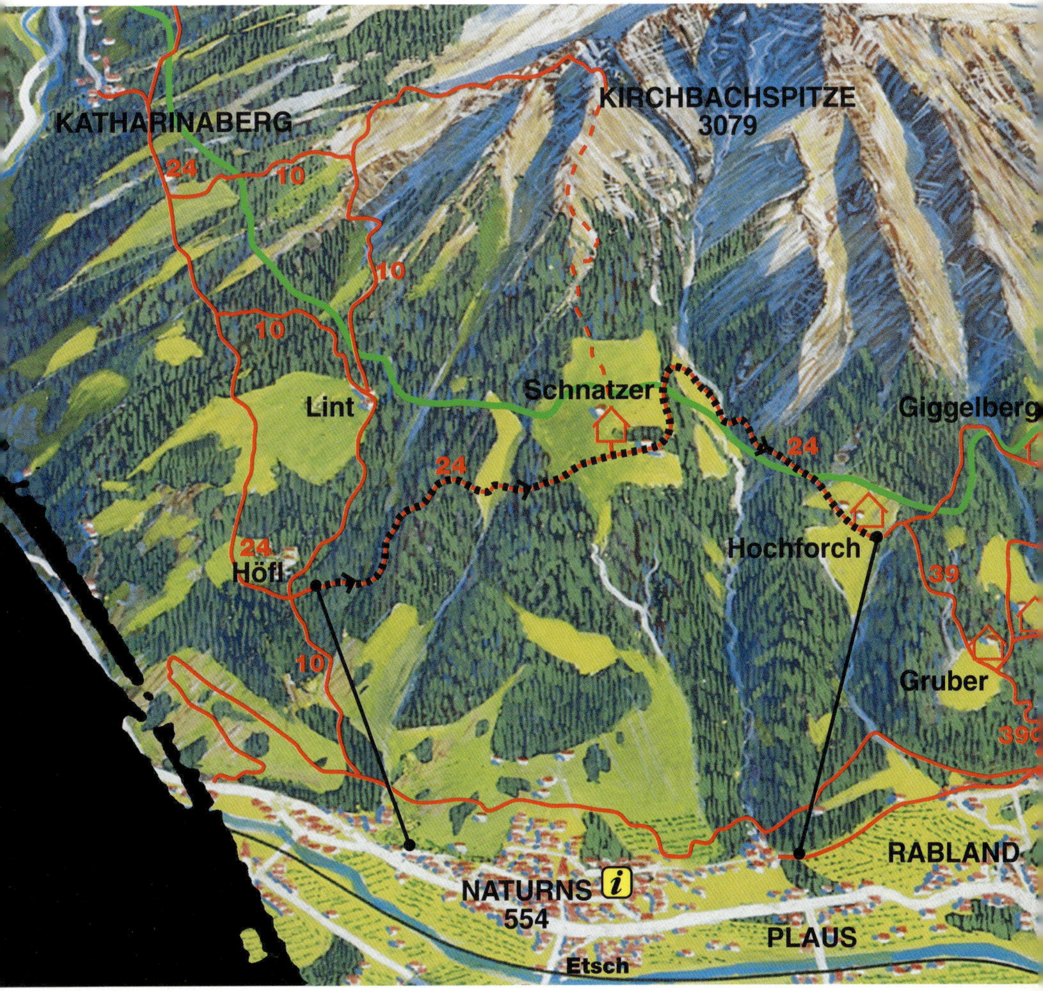

Nach Unterstell mit der Seilbahn (¼ h), mit dem Auto (¾ h) oder zu Fuß (von Naturns 2 h).
Sodann den Meraner Höhenweg entlang ostwärts
über die Höfe am Sonnenberg bis Hochforch (höchster Punkt, 1.555 m).
Von hier entweder mit Seilbahn, Bus oder Auto nach Naturns – oder zu Fuß (3 h).
Empfehlenswert von Frühjahr bis Herbst – Gehzeit 5 Stunden – Höhenunterschied 300 Meter.

Wald oder Weide?

In den Jahren um 1920 wurden oberhalb von Schnatz größere Waldbereiche abgeholzt. Danach nahm wie üblich das Kleinvieh die Fläche in Beschlag.
Aus dem Wald ist Weide geworden – und zugleich ein waldfeindlicher Standort.

Der Hang erhält aufgrund seiner Höhenlage zwar mehr Niederschläge als der regenarme Talboden, ist jedoch sehr steil und nach Süden ausgerichtet: der Boden ist somit der Sonnenstrahlung unmittelbar ausgesetzt – er erwärmt sich auch im Winter, und die oft ohnehin nur dünne Schneedecke schmilzt dahin – das Wasser geht verloren.
Der Wind wird nicht mehr vom Wald gebremst, der Boden trocknet aus.
Die Folgen der Beweidung sind deutlich: die verbißfesten Gräser werden zu intensivem Wachstum angeregt und bilden einen dichten Grasfilz, in dem Lärchensamen schwer keimen können; und sollte doch einmal ein Bäumchen sich hervorwagen, warten bereits Ziegen und Schafe.
Erst im Jahr 1990 – nach erneuten Holzschlägerungen – wurden kilometerlange Drahtzäune errichtet, um Wald von Weide zu trennen. Der Wald kann sich seither in Ruhe verjüngen.

Nutzen oder Schaden?

Seit jeher werden auf den kargen, steilen und weiten Hängen des Sonnenbergs Ziegen und Schafe gehalten.
Der Aufwand für den Menschen ist gering. Auch heute noch, denn heute sind Hirten teuer. Somit leben die Tiere nahezu übers ganze Jahr sich selbst überlassen – frei in freier Natur.
Das geeignete Futter zu finden, waren Ziegen und Schafe noch nie verlegen.
Vor allem die Ziegen hält nichts ab von ihrer Vorliebe für saftige Knospen, für frische Triebe und gar zarte Rinde – der Wald hat somit kaum mehr Gelegenheit, von neuem aufzukommen.
Die Förster widmen den Ziegen im Wald nur ein Wort: »Hurenviecher«.

Bergbauern sollten sich mehr und mehr auch mit der Rolle des Landschaftsgestalters identifizieren, der durch angemessene Bewirtschaftung der natürlichen Ressourcen Artenvielfalt und Kulturlandschaft erhält.

Bauer oder Gärtner?

Vor etwa tausend Jahren hat man begonnen, Bergbauernhöfe zu errichten. Man erzeugte dort Milch und Fleisch und versorgte damit auch das Tal.
Doch was über lange Zeit das bäuerliche Selbstverständnis prägte, ist heute kaum mehr zu halten. Gegenüber der Massenproduktion von landwirtschaftlichen Produkten läßt sich »am Berg« keine Konkurrenz aufbauen. Um dennoch mitzuhalten, fehlt das Geld. Die entsprechende Intensivierung und Mechanisierung steht nicht im Verhältnis zum Ertrag – der Bergbauer ist auf Zu- und Nebenverdienste auswärts angewiesen, um noch weiterhin am eigenen Hof arbeiten zu können.
Manchmal gibt es – doch nur für wenige – einen Ausweg: eine Gastwirtschaft am Hof oder die direkte Vermarktung von Produkten besonderer Qualität.
Für die Mehrheit der Bergbauern dürfte die Zukunft anders aussehen – entsprechend einer gewandelten Nachfrage: Gefragt ist eine abwechslungsreiche Landschaft. Gesucht ist Natur – fern jener Monotonie, die mit der modernen Landwirtschaft einhergeht; und von der Sehnsucht nach Natur lebt mehr und mehr auch der Fremdenverkehr im Gebirge.
Somit wird der Bergbauer nicht mehr vorrangig Lebensmittel produzieren – und gleichsam als Nebenprodukt die Kulturlandschaft pflegen, gestalten und erhalten, sondern umgekehrt: er wird als Landschaftsgärtner sein Auskommen finden.

Alte oder neue Wege?

In den Tourismuszentren des Burggrafenamtes wird auf die Ruhe und Einsamkeit des Naturparks Texelgruppe verwiesen – also wird er von vielen besucht.
Um nun der Natur im Park ausreichend Freiraum zu lassen, werden die Besucherströme »geordnet« auf Wegen durch das Gebiet gelenkt: seit Mitte der 80er Jahre verbessert die Parkverwaltung das Wegenetz und die damit verbundenen Einrichtungen.
Auch alte Saumpfade oder Waalwege werden aufs neue instandgesetzt. Sie drohten zu verfallen, denn Infrastrukturen im Gebirge sind den Naturkräften (Gewittern, Lawinen, Steinschlag oder Frost) besonders ausgesetzt.
An den Kosten beteiligen sich neben der Parkverwaltung auch Privatpersonen, Gemeinden, Alpen- und Tourismusvereine sowie Alm- und Waalinteressentschaften – z. B. wurde von 1990 bis 1993 der Saumpfad von Nassereith zur Lodnerhütte vollständig neu gepflastert.

Gestapelte Geologie

(geologische Aspekte im Großen und im Kleinen)

Stets nur für kurze Strecken schließt sich unter dem Mantel der Vegetation die Gesteinswelt auf. Grobkörnige, hell-dunkel gemusterte »Tschigat«-Granitgneise begleiten die ersten Höhenlinien ab Unterstell und lassen die Landschaft kantiger, blockiger erscheinen. Vor Galmein, Grub und Hochforch runden Paragesteine die Grasfluren sanfter, zeigen sich in rostbraunen Farben, machen sich durch Schieferung und Schrägstellung bemerkbar. Gut aufgeschlossen zeigt sich der »Tschigat«-Granitgneis in der Fallinie des Lahnbachs. In Blöcke zerlegt, teils griesförmig zerfallen, staut er sich an den Rändern der V–förmigen Schlucht. Gegen ihre Mitte hin öffnet er, von wirbelnden Wassern ausgekolkt, seine fahle, kompakte Masse.

Vom Lahnbach ausgehöhlter Gneis.

Im Vinschgau folgt die Etsch einer Schwächezone im Gestein – sie bezeichnet die Grenze zwischen zwei tektonischen Einheiten: das Ötztal-Stubai-Altkristallin im Norden, das Ortler-Campo-Kristallin im Süden. Beide gehören zum Altkristallin der ostalpinen Decken nördlich der Tonale-Judikarien-Pustertal-Linie.

Diese mächtigen Gesteinspakete lagen ursprünglich am oberen Rand des ungefähr 800.000 km² großen Kontinentalschelfes des nördlichen Afrika.

Während der Erdneuzeit – im Alttertiär vor etwa 30-40 Mio. Jahren – überfuhr Apulia, als treibender Kontinent von Südosten kommend, das Becken des Urmeeres Tethys, schob sodann ihre Gesteinsdecken dachziegelartig über den Urkontinent Europa.

Beide Deckeneinheiten gehören zu den höchsten Bauelementen der Alpen und enthalten ähnliche Gesteine (Gneis, Granit, Glimmerschiefer, Phyllit, Amphibolit und Eklogit). Diese wurden schon früher verwandelt und kamen nun erneut unter Druck-Temperatur-Streß.

8.000 Jahre lang räumte der 2 km mächtige Etschgletscher mit einem Bodendruck von über 200 t/m² den Vinschgau aus.

Von gelegentlichen Vorstößen abgesehen (im Gschnitz- und Daunstadium), zog sich das Eis vor etwa 15.000 Jahren endgültig zurück. Es hinterließ im Tal eine Mondlandschaft.

Innerhalb der letzten 8.000 Jahre verfüllten Etschsedimente, Hangschutt und Muren das Gebiet, teilweise mehr als 200 m hoch.

Wenn Steine übereinander zu liegen kommen, entstehen im Großen Landschaften mit der ihnen eigenen Charakteristik, im Kleinen eine auf andere Weise bestechende Vielfalt – so bei Trockenmauern.

Trockenmauern – ein Mikro-Ökosystem

In den Trockenmauern und den gepflasterten Wegen um Unterstell stapeln sich die Gesteine aus der höheren und näheren Umgebung:
silbrig glänzende, glimmerreiche Paragesteine, dunkelgrüne bis schwarze Amphibolitstücke, graubraune Biotitplagioklasgneise, gesprenkelte Granitgneise.
Der Witterung ausgesetzt, haben sie zwar den Glanz und die frischen Bruchflächen eingebüßt, doch geben sie nun dem Leben Raum. Bunte Flechten und Blaualgen finden sich in feinsten Spalten und Ritzen. Zwischen den Platten und Blöcken warten Spinnen und Insekten. Trockenmauern – ein vom Menschen geschaffenes Mikro-Ökosystem. Die Wärmeleitfähigkeit, Porosität, auch die chemische Zusammensetzung des Materials beeinflussen den Grad der biologischen Kolonisation.
Lautlos überzieht der Schleier der Verwitterung die Minerale – für die menschliche Aufmerksamkeit zwar ein langsamer Prozeß, in geologischer Dimension hingegen eine aufregende Kette von Ereignissen.
Die silikatischen Kristallisationen werden auch von biochemischen »Laboratorien« zerlegt, sie gehen in Lösung und werden von Wind und Wasser fortgenommen.
Grundwasser und Flüsse tragen jährlich etwa 2,75 Millionen Tonnen an gelösten Substanzen von den Kontinenten in die Weltmeere und gliedern sie in die Kette weiterer Kreisläufe ein.

Höhenstufen der Vegetation

(Beobachtungen von der Schattenseite aus)

Das Federgras.

Der Blick von der Vinschgauer Nordseite auf den Sonnenberg läßt deutlich erkennen, auf welche Weise sich die Vegetation in den verschiedenen Höhenstufen verändert. Zudem fallen einige waldfreie Flächen auch außerhalb der vom Menschen angelegten Wiesen auf.

Höhenstufen

Mit zunehmender Höhenlage verändern sich die »Klimaelemente«, vor allem die Temperatur, die Bewölkung und der Niederschlag. Entsprechend kürzer fallen die Vegetationsperioden aus.
Vom Etschtal bis zur Kirchbachspitze heben sich sechs Stufen voneinander ab.

Oberhalb der Kulturflächen bis zu einer Höhe von etwa 1.000 Metern (entlang der Linie Latschraun – Rofen – Höfl) erstreckt sich der Flaumeichenbuschwald – er gehört zur **collinen Stufe**.

Wo es für die Flaumeichen bereits zu kalt wird, beweist – an trockenen Standorten – die Rotföhre ihre Konkurrenzkraft, weil sie nur geringe Ansprüche an Wasserangebot und Nährstoffe stellt.
Wir sehen Inseln eines **submontanen** Rotföhrenwaldes.

Darüber folgt die **montane Stufe** (Bergwaldstufe), die gewöhnlich von Fichten, hier aber aufgrund der Trockenheit vor

Eine Augen–Reise von der Vinschgauer Nordseite zum Sonnenberg macht auf einfache Weise deutlich, was trockene Begriffe über die Eigenart verschiedener Höhenstufen weitaus schwerer vermitteln können.

Die Flaumeiche.

Steppenrasen und Buschwald.

allem von Lärchen und Föhren aufgebaut wird.

Der Bereich zwischen der Baum- und der Waldgrenze (bei ca. 2.000 m) ist hier nur schwach ausgebildet. Der Wald reicht fast bis an die Baumgrenze und weist bereits Krummholz auf. Wir befinden uns in der **subalpinen Zone.**

Die **alpine Zone** mit Grasheiden, Schuttfluren und Schneetälchen reicht in nicht allzu steilen Lagen bis zu den Bergspitzen hinauf.

In nordseitigen Hangabschnitten können sich nur mehr vereinzelte Polster von Blütenpflanzen – und Fragmente von Rasen bilden; hier dominieren nun Moos- und Flechtenvereine, sofern Felsen und Schutt überhaupt noch das Wachstum von Pflanzen ermöglichen. Wir sprechen von der **subnivalen Zone**.

Die **Schneestufe** – mit den Algen, die im Gletschereis leben, und nur vereinzelten Sporen- und Samenpflanzen auf Graten, die aus dem Eis herausragen – ist von unserem Standort aus nicht mehr zu sehen.

Steppenrasen

(Heimat und Fremde)

Die Steppenrasen des Sonnenbergs weisen Arten auf, die zwischen den Eiszeiten und in der Nacheiszeit aus den osteuropäischen und innerasiatischen Steppen einwanderten. Sie haben dank des kontinentalen Klimas bis heute ausgehalten.

Zur Ökologie

Die Böden sind zumeist tiefgründige, im Wurzelbereich feinerdereiche, skelettreiche Braunerden. Die Wasserhaftfähigkeit ist eher gering. Die mittlere Jahrestemperatur liegt bei 8 bis 9° C.
Es gibt im Schnitt 50 Sommertage (Tagesmaximum > 25° C) und 95 Frosttage (Tagesminimum < 0° C).
Bei einer Lufttemperatur von 33° C (1,5 m überm Boden gemessen) erreicht die Bodenoberfläche oftmals 70° C, während in 10 cm Tiefe Werte unter 25° C gemessen werden – daher schützen die Pflanzen ihre unterirdischen Organe mit einem 20 bis 30 cm dicken Wurzelfilz. Die relative Luftfeuchtigkeit beträgt ca. 50%. Der Niederschlags-Mittelwert (30 Jahre) liegt unter 500 mm. Somit wird deutlich: die Lebenskunst besteht hier darin, sich das wenige Wasser verfügbar zu machen.

Das Gemeine Bartgras.

Artenvielfalt

An derart trockenen Standorten überleben nur jene Arten, die Wärme, Licht und Trockenheit ertragen. Keine Art wird so stark, daß sie andere verdrängt. Circa 50 verschiedene Blütenpflanzen teilen sich den Lebensraum. Einige seien mit ihrer speziellen Charakteristik vorgestellt.

Bestandbildende Gräser

Die 2 mm breiten Blattspreiten des **echten Federgrases** (Stipa joannis = S. pennata) sind meist eingerollt, die Grannen seiner Deckspelzen dicht fedrig behaart.
Auch das **Pfriemengras** (Stipa capillata) hat eingerollte und borstenförmige Blätter, dazu eine behaarte Deckspelze mit einer 10-20 cm langen Granne.
Die Blätter des **Bartgrases** sind gegen die Scheide zu abstehend behaart. Die Deckspelze ist zur langen Granne umgebildet.
Der **Walliser Schwingel** fällt durch eine blaugrüne Bereifung auf. Alle Blätter sind borstenförmig ausgebildet.

Manche Art, eingewandert während der Zwischeneiszeiten und in der Nacheiszeit, hat hier ideale Bedingungen vorgefunden und konnte sich dank des Klimas bis heute halten.

Begleitgräser

Der **Steifhalm** (Cleistogenes serotina) verliert mit seinen circa 5 mm breiten Blattspreiten mehr Wasser, findet jedoch mit den tiefen Wurzeln Zugang zum Naß.
Die weiß berandeten Blätter des **Steppenlieschgrases** (Phleum phleoides) sind ca. 4 mm breit; der Halm ist im oberen Teil blattlos. Langgezogenes Ährchen.
Das **Steppenschillergras** rollt seine 2 mm breiten, beidseitig regelmäßig behaarten Blattspreiten zusammen.
Der **Furchenschwingel** (Festuca rupicola) besitzt 0,5 bis 0,8 mm breite Blätter und bewimperte Deckspelzen.
Die **Erdsegge** (Carex humilis) rollt ihre 1 mm breiten Blätter ein. Sie liegen schwadenartig am Boden auf.

Trockenrasen am Naturnser Sonnenberg.

Bunte Kräuter

Name	*Blatt / Besonderheit*
Goldschopf	Blätter lineal pfriemlich, keine Zungenblüten, nur goldgelbe Röhrenblüten.
Rätischer Goldlack	Blätter grauhaarig, unten gestielt, oben sitzend, 4 gelbe Blütenblätter in langen Nagel verschmälert.
Rispenflockenblume	Laubblattzipfel linealisch, graugrün- bis weißfilzig, Blütenköpfe rispig gehäuft, Strahlenblüten purpurn.
Edelgamander	Stengelblätter, etwas derb, schütter behaart, Heilpflanze mit Gerb- und Bitterstoffen sowie ätherischen Ölen.
Steinbrech-Felsennelke	alle Laubblätter sehr schmal lanzettlich; die kleinen Blüten bringen reichlich Nektar hervor.
Schafgarbe	Laubblätter fein zerteilt, dicht wollig behaart. 4 - 6 Zungenblüten, goldgelb, Hüllblätter weißwollig.
Spinnweben-Hauswurz	Rosettenblätter mit spinnwebigen Haaren. Familienmerkmal: fleischige Laubblätter.
Flaumfingerkraut	Blättchen unterseits mit Sternhaaren; Blütenstiele mit Drüsen und / oder drüsenlosen Haaren.

Nörderberg – Sonnenberg

(die Höhenverbreitung der Vogelwelt)

Der Weg von Unterstell zum Grubhof verläuft zwischen 1.300 und 1.500 Metern – noch begegnen wir einigen Flaumeichen und Mannaeschen. Sie zeigen an, wie sich der nordseitige Talhang klimatisch vom südseitigen unterscheidet. Aufgrund des West – Ost gerichteten Verlaufs des Tales ist die nördliche Talseite der Sonne ausgesetzt. Hingegen sind manche südseitigen Bereiche im Winter oft wochenlang ohne Sonne. Die Auswirkungen auf die Zusammensetzung des Waldes sind in Südtirol nirgendwo so deutlich zu erkennen wie an diesen beiden Hängen.

Zahlreiche Tierarten sind mit einem bestimmten Waldtyp verbunden. So unterscheidet man z. B. Laubwald- und Nadelwaldbewohner. Aber manche Tierarten – wir beschränken uns auf diesen Seiten auf die Vogelarten des Sonnenbergs – stellen weitaus speziellere Ansprüche:

Einige bevorzugen den Buchenwald, andere hingegen den Kastanienhain oder Flaumeichen-Hopfenbuchen-Bestand. Weitere den Föhrenwald, Lärchen- oder Fichtenbestand ...

Der Buntspecht.

Die Höhenverbreitung einer Vogelart zur Brutzeit ist von Hang zu Hang verschieden. Eine Auswahl (siehe Liste) mag dies verdeutlichen und helfen, einen beobachteten Vogel leichter zu bestimmen.

Art	*Waldtyp*	*Nörderberg-Seite*	*Sonnenberg-Seite*
Amsel	Laub- und Nadelwald	bis 1.300 m	bis 1.700 m
Berglaubsänger	Flaumeichenwald	bis 700 m	bis 1.200 m
Berglaubsänger	Föhrenwald	bis 1.000 m	1.200 m - 1.400 m
Berglaubsänger	Lärchenwald	–	1.400 m - 1.800 m
Blaumeise	Laubwald	bis 800 m	bis 1.400 m
Eichelhäher	Laub- und Nadelwald	bis 1.300 m	bis 1.700 m
Fichtenkreuzschnabel	Nadelwald	600 m - 2.000 m	1.400 m - 2.000 m
Grünspecht	Laubwald	bis 1.000 m	bis 1.400 m
Grünspecht	Lärchenwald	–	1.400 m - 2.000 m

Wie sehr sich Sonnenseite und Schattenseite voneinander unterscheiden,
ist in Südtirol nahezu nirgendwo
so deutlich zu erkennen wie an den Hängen des Vinschgau.

Der Wiedehopf.

Doch gibt es eine Reihe von Vogelarten, bei denen weder der Waldtyp noch die Höhe eine große Rolle spielen. Sie kommen als Brutvögel im Talboden vor und zugleich in größeren Höhen – bis hinauf zur Wald- und Baumgrenze (so Buchfink, Zaunkönig, Rotkehlchen, Zilpzalp, Kukkuck). Ihre größte Dichte erreichen die meisten im Laubmischwald, die geringste im eintönigen, dunklen Fichtenwald.

Art	*Waldtyp*	*Nörderberg-Seite*	*Sonnenberg-Seite*
Heckenbraunelle	Fichtenwald	600 m - 1.800 m	1.400 m - 2.000 m
Mönchsgrasmücke	Laub- und Nadelwald	bis 1.300 m	bis 1.700 m
Nachtigall	Laubwald	bis 600 m	bis 900 m
Ringdrossel	Nadelwald	1.500 m - 2.000 m	1.700 m - 2.000 m
Sumpfmeise	Laubwald	bis 800 m	bis 1.200 m
Tannenhäher	Nadelwald	1.500 m - 2.000 m	1.800 m - 2.000 m
Weidenmeise	Nadelwald	600 m - 2.000 m	1.400 m - 2.000 m
Wiedehopf	Kastanienhain	bis 800 m	bis 1.200 m
Wintergoldhähnchen	Fichtenwald	600 m - 1.800 m	1.400 m - 2.000 m

Smaragde der Tierwelt

(besondere Schlangen und Eidechsen)

Die Äskulapnatter.

Die heißen Hänge des Vinschgauer Sonnenbergs sind für manche Schlangenart der ideale Lebensraum – auf heißem Fels oder im sonnendurchwärmten Laub.
Man entdeckt die Zornnatter (Coluber viridiflavus), eine Schlingnatter (Coronella austriaca), die Äskulapnatter (Elaphe longissima) oder die Aspisviper (Vipera aspis). Doch nur als »vorsichtiger« Wanderer wird man eine Schlange zu Gesicht bekommen, weil diese – die Schritte fühlend – sofort entflieht.
Die Zornnatter ist in unserem Gebiet nahezu schwarz und wird daher »Karbonarschlange« genannt (Coluber viridiflavus carbonarius). Sie wird bis zwei Meter lang und gehört zu den häufigeren Arten.
Die Schlingnatter ist bedeutend kleiner 70 (bis 80 cm) und seltener anzutreffen. Die Äskulapnatter kann zwei Meter lang werden, ist meist aber kürzer.
Nattern beißen zwar, wenn sie sich in Gefahr glauben – doch ohne uns zu schaden. Der Biß der Aspisviper hingegen ist nicht ungefährlich. Die Aspisviper gehört zu unseren seltensten Schlangen – ein weiterer Smaragd unserer Aufzählung. Von einer Aspisviper gebissen zu werden, ist äußerst unwahrscheinlich. Wer am Weg bleibt – und sich nicht auf einer warmen Geröllhalde unvorsichtig »herumtreibt«, kann völlig beruhigt sein. Er wird diese seltene, aber schöne Art (leider) nicht zu Gesicht bekommen.

Wäre es die Aufgabe, Begriffe aus der Mineralogie auf die Tierwelt des Sonnenbergs anzuwenden, würde man beim Begriff »Smaragd« nicht zögern: man nennt die Smaragdeidechse und einige Schlangen.

Die »Smaragdeidechse« (*Lacerta viridis*) gehört zu den imposantesten Vertretern ihrer Verwandtschaft. Der wissenschaftliche Name »viridis« bezieht sich auf die vorwiegend grüne Farbe des Tieres. Der Rumpf erreicht eine Länge bis zu 13 cm, der Schwanz kann doppelt so lang sein. Das Männchen weist zur Paarungszeit im Frühjahr eine blaue Kehle auf, eine feine schwarze Punktierung ziert den Rücken. Das Weibchen ist bisweilen unscheinbar bräunlich, ähnlich den Jungen, die zudem helle Flecken an den Seiten oder schmale, helle Streifen aufweisen.

Die Smaragdeidechse kommt am Sonnenberg (an warmen, der Sonne ausgesetzten Hängen) noch in Höhen um 1.800 Meter vor. Sie hält sich gerne in der Nähe von Gestrüpp auf, an Wald- und Feldrändern, im Brombeerdickicht. Dort genießt sie – vor allem morgens und abends – die wärmenden Strahlen der Sonne. Wenn man sich vorsichtig nähert, kann sie auch aus nächster Nähe beobachtet werden. Doch eine unbedachte Bewegung genügt – und sie ist entschwunden.

Schnelligkeit zeichnet sie auch auf Beutefang aus. Sie lebt von Heuschrecken, Käfern, Schmetterlingen, verschmäht auch süße Früchte nicht oder raubt gar die Eier und die Jungen kleiner Vögel.

Zur Paarungszeit im April kommt es in dichtbesetzten Gebieten gelegentlich zu Partnerkämpfen. Bei der typischen Drohgebärde wird die blaue Kehle vorgewölbt und der Körper seitlich abgeflacht – die gelbleuchtende Unterseite wird sichtbar. Das Weibchen legt bis zu 20 Eier. Nach einigen Wochen durchbrechen die Jungen die weiche Eihülle.

Den Winter verbringt die Smaragdeidechse in Winterstarre – wie die kleineren Eidechsen, verborgen unter dichtem Laub oder in tiefen Mauerlöchern.

Die Smaragdeidechse.

Wanderung 3

Um Katharinaberg

(die Besiedlung des Gebirges)

Zur Besiedlung des Gebirges eignen sich
möglichst ebene, der Sonne zugewandte, nicht zu hoch gelegene Plätze.
Sie bieten auf Dauer ausreichend Schutz und Nahrung.
Katharinaberg hat seit Urzeiten solchen Anforderungen entsprochen, auch die uralten Höfe auf dem Fuchsberg: Metzlaun (links) und die heutige Moaralm (rechts).

Der »verbotene Weg« durch die düstere Schlucht des Schnalsbaches führt auf der Trasse der im Jahr 1875 eröffneten Fahrstraße aus beklemmender Enge zu einem seit der Vorgeschichte besiedelten Platz – Katharinaberg.

Nach der Eiszeit (vor etwa 10.000 Jahren) drangen jungsteinzeitliche Jäger auf den Spuren des Wildes ins Gebirge vor. Sie kamen auch ins Schnalstal – vermutlich von Süden über Fuchsberg und Juval (»*iugum vallis*« = Joch). Einer dieser Menschen ist wohl auch der »Ötzi« gewesen. Er wurde am Hauslabjoch am 19. September 1991 gefunden – bestens ausgerüstet für seine Streifzüge.

Das letzte halbe Jahrtausend vor Christus wurde »das Land im Gebirge« geprägt von Bewohnern mit etruskischen, keltischen und anderen germanischen Wurzeln – von den Römern als »rätische« Stämme bezeichnet.

Die Römer besetzten das Gebiet im Jahre 15 v. Chr. und beherrschten es bis zum Beginn des 5. Jahrhunderts n. Chr. Zahlreiche keltische und romanische Flurnamen weisen auf diese Zeit hin, wie der Name Schnals (kelt.: »*sean*« = Senne / rom.: »*casinales*« = Sennhütten). Um die Mitte des 6. Jahrhunderts tauchten die Bajuwaren auf (aus Kelten, Germanen, römischen Siedlern).

Ab der Jahrtausendwende wurden Siedlungen mehr und mehr auch in Seitentälern und in höheren Lagen angelgt. Die Grundherren förderten im 12. Jh. die Schwaighöfe.

Wegverlauf, Besonderheiten

(um Katharinaberg)

Von Katharinaberg aufzusteigen zur Moaralm
bedeutet, abzusteigen
bis in das 12. Jahrhundert der Siedlungsgeschichte.

Es herrschen hier die Herren von Montalban,
die sich erstmals 1273 »de Snalles« nennen.
Von der Schnalsburg aus treiben sie
die Besiedlung des Vorderschnals rasch voran –
mit Höfen in Form germanischer Einzel- und Weileranlagen.
Gegen Mitte des 13. Jahrhunderts
war die Besiedlung abgeschlossen,
im Jahr 1240 wird der Oberperflhof bereits urkundlich erwähnt.

Die auf einem Felssporn gelegene Burg »Snalse«
wird im Jahr 1326 von König Heinrich II.
(Sohn des Landesfürsten und Schöpfer Tirols Meinhard II.)
den Karthäusern geschenkt – jene lassen die Burg um 1350 schleifen
und erbauen dort die spätgotische Kirche St. Katharinaberg.
Das Kloster verleibt sich zwei Drittel aller Höfe im Schnalstal ein,
bis es 1782 durch Kaiser Joseph II. aufgehoben wird.

Im 14. Jahrhundert ist die Talschaft Schnals
eine Gemeinde mit eigenem Anwalt im Rahmen des Gerichtes Kastelbell.
Bereits vor 1357 besteht das gemeinsame Recht zur Frühjahrsweide
von 400 Schafen vom 17. März bis 23. April
in den Wiesen zwischen Meran und Algund – bis 1769.
Im 20. Jh. verläßt der Mensch die Dauersiedlungen auf dem Fuchsberg.

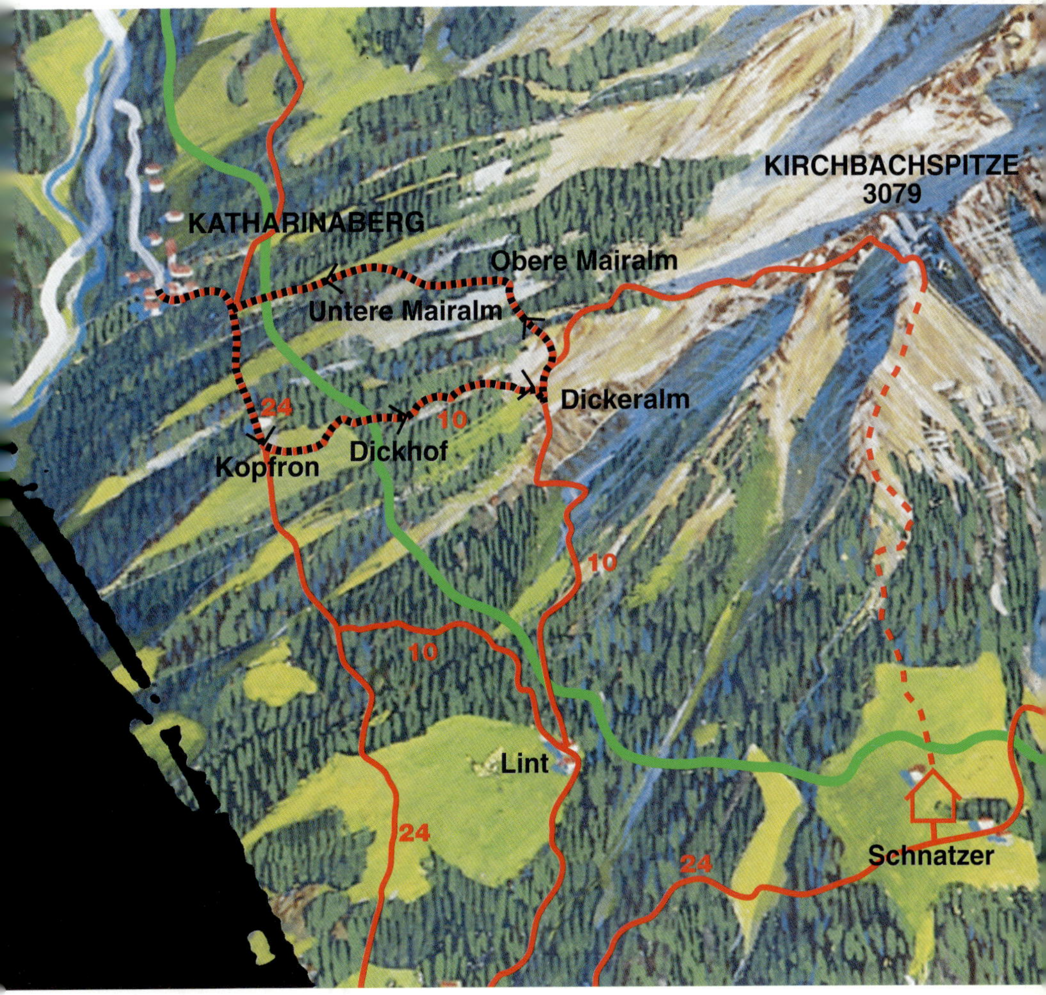

Nach Katharinaberg mit Bus oder Auto (von Naturns ½ h).
Nun zunächst nahezu eben südostwärts den Meraner Höhenweg entlang bis Kopfron, sodann bergwärts zum Dickhof, zur Dickeralm und zur Moaralm (2.095 m, höchster Punkt). Talwärts über Metzlaun den Perflbach entlang zurück zum Ausgangspunkt.
Empfehlenswert im Sommer – Gehzeit 7 Stunden – Höhenunterschied 900 Meter.

Es mag für Menschen in frühen Zeiten
keine leichte Aufgabe gewesen sein, im weitgehend unzugänglichen Gelände geeignete Siedlungsplätze zu erschließen.

Erschließung

Steige, Straßen, Seile

Es bleibt ein Geheimnis, was Menschen bewegt, ihre vertraute Umgebung zu verlassen und neue, unzugängliche Gebiete aufzusuchen. Es war keine leichte Aufgabe, in unwirtlicher Gegend den Weg zu bahnen; Bauten, Äcker, Wiesen und Weiden anzulegen und sie mit einem Netz von Steigen zu verbinden.
Sind die Grundlagen geschaffen, versucht der Mensch – damals wie heute, sich die Arbeit zu erleichtern, neue Technologien zu entwickeln und zu nutzen.
Anfangs zog, karrte oder trug man die Lasten selbst. Später setzte man Pferde oder Maultiere ein. Heute, dank des Einsatzes von Motoren, gibt es keine Grenzen mehr für Entfernungen – sei es horizontal oder vertikal.
Im Gebirge unterscheiden wir heute vor allem zwei Arten der modernen Erschließung auf der Basis von Motoren:
– eine vom Gelände weitgehend unabhängige Erschließung mittels Seilbahn oder Hubschrauber
– und am Boden, ans Gelände gebunden, Wege und Straßen.
Die Kehrseiten des Straßenbaus: vor allem während der Bauzeit und in den ersten Jahren danach sind die Spuren des Eingriffs weithin sichtbar.

Nahezu alle Höfe im Bereich des Naturparks Texelgruppe sind heute auf mehrfache Art erschlossen:
– zu jedem führt noch ein Steig aus vergangener Zeit
– seit Jahrzehnten besteht zumeist auch eine (Material-) Seilbahn
– und in den letzten Jahren sind neue Zufahrtsstraßen errichtet worden.

Jede dieser drei Erschließungsformen hat spezifische Vor- und Nachteile.
Steige gibt es überall, und es steht jedem frei, sie zu verwenden; doch wer auf ihnen ans Ziel gelangen möchte, braucht Zeit – daher sind sie heute jenen vorbehalten, die in der Freizeit unterwegs sind.
Auf Straßen gelangt man ans Ziel, ohne umzusteigen bzw. umzuladen. Sie haben eine vergleichsweise flache und damit lange Trasse.
Das Seil schafft die direkteste und schnellste Verbindung. Es hat besonders im steilen Gelände Vorteile, wie der »Kabelsalat« – kreuz und quer durch die Gegend gespanntes Drahtwerk – belegt.

Es wird die zeitgemäße Erschließung der Höfe gefordert. Straßen erleichtern mitunter das Vorhaben, einer Arbeit im Tal nachzugehen und den Hof nur mehr als Nebenerwerbsbetrieb zu führen.

Auf Draht …

Am Anfang waren die »Schußdrähte« – als »einfachste« Seilanlagen. An einem einzigen gespannten Drahtseil werden Heuballen oder Astbündel mit hölzernen oder metallenen Haken, den »Schalen«, eingehängt und dem Eigengewicht überlassen. So schießen sie den Hang hinunter … Gebremst wird die wilde Fahrt erst durch einige ausgediente Autoreifen an der Talstation.

»Materialseilbahnen« haben zwei Seile – zahlreiche miteinander verflochtene, geschmierte Drahtlitzen – und eine Aufhängevorrichtung auf Rollen für eine offene Holzkiste (»Gehänge«).

Die Kiste wird vom Zugseil mittels Motor hochgezogen – samt Gütern, z. B. Milch (»Milchbahndl«), Mist, Heu, Lebensmitteln oder Holzstämmen (»Seilkran«).

Seltener sind Anlagen mit geschlossenem Zugseil, mit einer Sprechverbindung zur Berg- und Talstation, mit geschlossener Metallkabine, mit Bremsen und weiteren Sicherungen. Sie sind für Güter und Personen geeignet. Da jedoch Sicherheitsvorrichtungen bei den meisten »Bahndln« nur spärlich vorhanden sind, steht an jeder Bahn neben der langen Schlange jener Leute, die darauf warten, »hinaufgedrahtelt« zu werden, ein Schild – mit der Aufschrift »der Transport von Personen ist verboten« …

Freie Bauern

Bei den Bajuwaren des frühen Mittelalters gab es Unfreie, Hörige und Freie. Die Freien waren Soldaten. Als verdiente Krieger erhielten sie Land zugewiesen, um »freie«, (d. h. verstreute) Hofstätten zu errichten. Sie wurden somit zu »Privateigentümern«. Auf diese Weise entwickelte sich in Tirol schon früh neben dem Adel und der Kirche eine Schicht unabhängiger und selbstbewußter Grundherren. Sie unterstanden nur der von ihnen in der Gemeinde gewählten Obrigkeit und Gerichtsbarkeit.

Die Freien waren auf ihren Höfen Herren – mit einem patriarchalischen Verhältnis zu den übrigen Bewohnern. Sie konnten allein und ohne Beschränkung Eigentum erwerben, Waffen tragen und auf ihrem eigenen Grund sowie auf dem Grund der Markgenossenschaft die Jagd ausüben. Andererseits hatten sie die Pflicht, Kriegsdienst zu leisten und an den Gerichtstagen zu erscheinen.

Die Hörigen hingegen waren persönlich frei, doch an den Grund gebunden, den sie zumeist in Erbbaurecht bebauten. Sie konnten Eigentum erwerben, waren aber einem Dritten zu Leistungen in Geld oder Naturalien verpflichtet.

Der Grund und seine Lage –
Grundlage einer jahrhundertelangen Besiedlung des Gebirges sind Waldrodung und nachhaltige Bodennutzung.

Rodung

Den Wald zu nutzen bedeutet, daraus das Holz zu entnehmen, doch den Wald selbst und besonders den Waldboden zu erhalten. Den Wald hingegen zu roden heißt, die Bäume mitsamt deren Wurzeln zu entfernen, darüber hinaus sogar den Boden und das Gelände umzugestalten – es entstehen Äcker, Weiden oder Wiesen, ein Bauplatz oder eine Straße …

Die erste Rodungsperiode im frühen Mittelalter erfolgte durch die freien Bauern, den Adel und die Klöster. Sie diente vor allem dazu, neues Kulturland zu schaffen. Sie reichte jedoch noch nicht bis zur oberen Waldgrenze.

Weitere Rodungswellen folgten. Im 14., 16. und 19. Jahrhundert wurden im Bereich der oberen Waldgrenze Almflächen angelegt.

Im 18. Jahrhundert begann man, die Auwälder in den Talböden zu roden.

Im 20. Jahrhundert stieg der Bedarf an Flächen für die touristischen Einrichtungen (z. B. für Skipisten) – erneut opferte man auch Wald.

Nachhaltigkeit

Boden enthält – als ein mikrobiologisches Ökosystem – unzählige unscheinbare Bakterien, Pilze, Algen und Kleinstlebewesen. Sie wirken und werken in engverzahnten Kreisläufen.

Schichtförmig aufgebaute Böden entstehen in jahrtausendelanger, enger Wechselbeziehung von verwitterndem Gestein und den darin wachsenden Pflanzen.

Der Mensch nutzt den Boden, indem er die Pflanzengesellschaften samt Tierwelt nach seinen Vorstellungen verändert.

Als extensive Bodennutzungsformen gelten die Jagd, die Forstwirtschaft und die Weidewirtschaft. Grünlandwirtschaft auf der Grundlage des Wiesenbaues, Ackerbau, Obst- und Weinbau zählen hingegen zu den intensiven Formen der Bodennutzung, weil der Boden periodisch bearbeitet wird. Er wird umgegraben, bepflanzt und bewässert, gedüngt, behandelt und auch gerodet.

Entnimmt der Mensch nur die »angereiften Zinsen« (als Ernte), ohne das »Kapital« (den Boden) anzugreifen oder den Zustand zu verschlechtern, so betreibt er eine nachhaltige Bodennutzung.

Beachtet der Mensch hingegen nicht, daß das Gleichgewicht erhalten bleiben muß, betreibt er Raubbau und zerstört damit langfristig die sprichwörtliche »Grundlage« für sein Leben.

Die Moaralm
wurde im 12. Jahrhundert als Hof errichtet und ist seitdem weitgehend unverändert erhalten geblieben.

Die Moaralm

Gegen Mitte des 13. Jahrhunderts reichen die dauerhaft besiedelten Höfe in Schnals bis auf Höhen um 2.000 Meter.
Dies ist auf der Sonnenseite in der Nähe des Talgrundes, in Kurzras und Finail, bis heute so geblieben – doch erreichen mehr und mehr Neuerungen und Veränderungen diese Höfe und gestalten das »alte« Leben weitgehend um.
Am abgelegenen Fuchsberg hingegen – ist die Zeit seit 800 Jahren stehengeblieben.
Noch älter war der Hof Gampl, nordöstlich der heutigen Moaralm gelegen.
Er wurde bereits vor 500 Jahren verlassen und ist heute verschwunden. Eine Weideurkunde (aus dem Jahre 1496) berichtet: »waidt unnd gut genant Gempel, so vor zeiten ein kleines höflein gewesen ... «
Die Obermoaralm dürfte als erste Version des knapp darunter liegenden Metzlaunhofes im 12. Jahrhundert entstanden sein: Die Bauweise des vorraumlosen Wohngebäudes weicht stark von jener der umliegenden Höfe ab, welche eine geräumige Hütte, daneben einen Stall mit darübergebautem Heuboden aufweisen.
Die Höfe Metzlaun mit ihrem schon damals als Alm verwendeten »Stammhaus« und Hühnerspiel wurden etwa zehn Generationen lang selbständig bewirtschaftet.
Dann kamen Hühnerspiel im Jahre 1435 und Metzlaun 1493 als Zugut zum Meierhof in Katharinaberg.
So blieb es bis zum Beginn des 20. Jahrhunderts. Der Getreideanbau wurde aufgegeben, der intensive Wiesenbau mit Bewässerung und Düngung mehr und mehr abgebaut. Die Höfe wurden zunehmend vernachlässigt, bis es nicht mehr möglich war, das Vieh über den Winter zu bringen.
Seit dem Jahr 1965 werden die alten Höfe als »Moaralm« von den zwischenzeitlich in Unter- und Obermeierhof getrennten »Moaren« bewirtschaftet.
Im Jahre 1992 wurden 20 Milchkühe, 100 Rinder, 100 Schafe und 60 Ziegen auf die Alm getrieben.
Die alten Gebäude werden zum Großteil bis heute zwar landwirtschaftlich genutzt, doch meist nur notdürftig instand gehalten. Ohne grundlegende Sanierung dürften die Tage dieser historischen Gebäude bald gezählt sein.

Ausflug in die Erdgeschichte

(Spuren um Katharinaberg)

Vor etwa 9.500 Jahren sank
die Schneegrenze während einer Kältephase
um etwa 300 Meter.
Auch im Zeitraum zwischen 1420 und 1460
gab es einen Kälteeinbruch –
so war das Leben auf den Almen
und Höfen im Gebirge alles andere als fröhlich.
Viele Vinschgauer Schwaighöfe
wurden »infolge der Wildnis der Berge«
in Almen umgewandelt.
Um die Mitte des 19. Jahrhunderts
provozierte die »Kleine Eiszeit« Hungersnot.

Die Obermoaralm

Die nur schmalen Hangverebnungen der Perflhöfe brechen an ihrem Ostrand rasch in die steile Rinne ab, die von der Kirchbachspitze herabreicht. Das blockige, kantige Gelände verrät in der Zone der »Alten Gneise« den »Tschigat« - Granitgneis.
Meist sind die eisverschliffenen Oberflächen der Blöcke mit einem bunten Pelz von Flechten überzogen oder von der Verwitterung angenagt. Nur in frischen Mauern und Terrassen öffnet das helle, grobkörnige Gestein sein Innenleben.
Die Feldspate, Quarze und Glimmer des ursprünglichen Magmas sind durch tektonische Bewegungen gestreckt.
Die eisgeschliffenen Buckel beim Dickhof lassen in die lange Geschichte der Schnalstaler Landschaft zurückblicken. Am Ende der Kreidezeit waren die Gesteine im Südwesten der Texelgruppe um 550° C heiß – gerade die »richtige« Temperatur für das Wachstum von Staurolith - Mineralien. In der Eiszeit, kaum 90 Millionen Jahre später, wurden sie von den Eisströmen zermalmt und zur Poebene verschoben.
Auf den Moränen der letzten Rückzugsstadien der eiszeitlichen Gletscher ducken sich heute die kleinen Hütten der Moaralm (2.095 m). In Höhen zwischen 2.000 und 2.600 Metern kommt diesen »Daun« - Moränen almwirtschaftlich eine große Bedeutung zu.
Die höchsten Moränenwälle oberhalb von 2.700 Metern sind bereits verfüllt. Sie lassen sich daher heute vom rezenten Gehängeschutt nicht mehr unterscheiden.
Im Gfallwand - Westhang überdecken sie graphitische Lagen im Paragneis.

Eis – das verbreitetste Mineral der Erde.

Röntgenstrahlen, welche durch Kristalle geschickt werden, fächern sich zu einem systematischen Muster auf – diesem Versuch verdankte Max von Laue im Jahre 1914 den Nobelpreis. Der deutsche Physiker erkannte, daß dieselbe Systematik in Kristallen, im makroskopischen Bereich, herrscht und folgerte daraus, daß die Bausteine der Minerale regelmäßig und symmetrisch in einem Kristallgitter angeordnet sind. Mehrere wichtige anorganische Kristalle bestimmen mit den ihnen eigenen Gitterformen wesentlich die Zusammensetzung der festen Erdkruste.

Feldspat, Quarz und Glimmer verleihen – im chaotischen Gemenge – dem Granit die fahle und gesprenkelte Erscheinung. Dunklere Mineralien wie Granat und Olivin sind in den tieferen Stockwerken der Erde beheimatet. Sie verharren in den Kristallgittern der Aluminosilikate während einer Metamorphose.

An die 3.000 Mineralarten sind heute bekannt, etwa hundert sind gesteinsbildend. In den Stationen des Kreislaufes irdischer Substanzen vereinen sie sich »auf Zeit« zu Sedimentgesteinen, Magmatiten und Metamorphiten.

Das verbreitetste Mineral ist – Eis. Leichtflüchtig, in der sechseckigen Gestalt einer Schneeflocke, dann wieder dauerhaft, verhüllt es etwa ein Viertel der Erdoberfläche. Im Inlandeis der Antarktis überdauert es sogar »geologische« Zeiträume.

Belebte Mauern

(in Katharinaberg – Unterperfl)

Wer im Sommer an einer Wegmauer beim Unterperflhof steht und sich Zeit nimmt, ein wenig zu rasten, erhält bald eine Vorstellung davon, wie warm und trocken es hier Pflanzen haben. Es wird verständlich, daß sich nur Pionierpflanzen und wärmeliebende Trockenheitszeiger durchzusetzen vermögen.

Häufigste Arten

Einzelne Farnpflanzen wie der Braunstielige und der Nordische Streifenfarn, der Tüpfelfarn und der zerbrechliche Blasenfarn begnügen sich mit dem kargen Angebot von Feinerde in den Mauerfugen. Wo sich mehr Erde angesammelt hat, trotzen der Herausforderung von Hitze und Trokkenheit 5 Mauerpfefferarten in verschiedenen Farben:
der Scharfe Mauerpfeffer (goldgelb), der Weiße Mauerpfeffer, die Große Fetthenne (hell gelbgrün), der Buckelmauerpfeffer (weiß bis sehr hell rosa), der Felsenmauerpfeffer (zitronengelb).

Formen der Anpassung

Eine besondere Form der Anpassung an den Standort ist das Rundblatt einzelner Mauerpfefferarten.
Das Schwammgewebe ist in die Mitte gerückt. Es dient nicht nur der Verteilung der Gase, es ist zu einem Wasserspeicher umgebaut und wird von Palisadengewebe und Epidermis umgeben. Vom Scharfen Mauerpfeffer weiß man, daß er fähig ist, nachts Kohlenstoffdioxid zu speichern, so

Der Weiße Mauerpfeffer.

daß bei großer Hitze die Spaltöffnungen geschlossen bleiben können. Zudem ist er fähig, Wasser abzugeben, um dadurch etwas Kühlung zu erwirken. Da seine Stengelteile leicht Wurzeln bilden, verbreitet er sich selbst.

Weitere Zeigerpflanzen für Trockenheit und/oder Wärme

Neben den Farnen und Dickblattgewächsen haben sich hier Blütenpflanzen angesiedelt, die den sandigen, feinerdearmen, trockenen und sehr warmen Boden ertragen – so das Silberfingerkraut mit seinen umgerollten und unterseits weißfilzigen Fiederblättern, der Feldthymian mit sei-

Der Scharfe Mauerpfeffer.

Der Thymian.

nen tiefreichenden Wurzeln und zahlreichen Drüsen und die drüsenhaarige Stinkende Wiesenraute. Dazu gesellt sich die Steinbrech-Felsennelke. Die kleinen Blüten mit reichlich Nektar locken Fliegen, Bienen und gelegentlich auch Schmetterlinge an. Ein Lebenskünstler besonderer Art ist die Taube Trespe, die diesen Namen wohl deshalb erhielt, weil sie dem Hafer ählich sieht, aber nicht nutzbar ist. Der Wermut läßt sich anhand seines starken Geruchs ausfindig machen – ein Heilkraut für eine gute Verdauung.
Gemeinsam mit dem Ackerbau kam wahrscheinlich auch die Ackerwinde. Sie kann aus Teilen ihres Erdsprosses rasch weitere oberirdische Triebe bilden.

Der Mensch und seine Schwalben

(Begleitung seit Jahrhunderten)

Die Felsenschwalbe.

Seit Jahrhunderten begleiten die Rauch- und Mehlschwalbe den Menschen. Sie leben in und an seinen Gebäuden.
Redewendungen und Wettersprüche zeigen, wie eng der Mensch mit ihnen verbunden war und zum Teil noch ist.
Die Rauchschwalbe (Hirundo rustica) nistete ehemals in Felshöhlen, Felsspalten und unter überhängenden Felsen.
Die Mehlschwalbe (Delichon urbica) gab sich mit kleinen Überhängen zufrieden. Beide Arten kleben nun ihr Nest an die Wände von Gebäuden. Entscheidend für den Wohnungswechsel dürfte das reiche Angebot an Nahrung rund um den Bauernhof sein.
Ohne Zweifel hat die Viehwirtschaft zur großen Verbreitung und gebietsweise hohen Dichte des Bestandes geführt, doch vor allem in städtischen Bereichen ist der Bestand beider Arten in den letzten Jahren zurückgegangen.
Doch ist auch Neues zu vermelden: unsere dritte einheimische Schwalbenart, die Felsenschwalbe, entwickelt sich derzeit von einer »wild lebenden« Vogelart zu einem »Kulturfolger«.
Die Felsenschwalbe (Ptyonoprogne rupestris) hat ihr Hauptverbreitungsgebiet im Mittelmeerraum. In Südtirol brütet sie an fast allen felsigen Stellen vom Talboden bis in Höhen um 1.500 Meter. Im Jahre 1971 wurden erste Bruten an Gebäuden in Südtirol bekannt. Bis 1980 veränderte sich das Verbreitungsbild wenig. Doch in den letzten Jahren mehrten sich die Gebäudebruten zusehends. Es fiel auf, daß sich der Vogel nicht mehr auf Steinbauten beschränkte – wie Burgen, Schlösser, Kirchtürme und Brückenpfeiler, sondern neben den Mehlschwalben sein Nest baute – unter Hausdächern und verschiedenen Vorsprüngen, auch an Holz.
Heute brütet die Felsenschwalbe in zahlreichen Städten und Dörfern bereits regelmäßig. In Katharinaberg nistet sie seit 1989 an den Häusern neben der Kirche.

Auch auf der Rableitalm (8. Wanderung) findet sich seit 1990 ein Brutpaar. Wegen der ungewöhnlichen Höhenlage ist dies erstaunlich. Bei der 9. Wanderung treffen wir Felsenschwalben sowohl am Gebäude (Gasthof Hochfirst) als auch nebenan im Tunnel an der Felsdecke.

Nur heimlich, nicht unheimlich

(unter Dächern, in Höhlen und Felsklüften)

»Unter Dächern von Sennhütten und Alpenkapellen, in Felsklüften; fliegt an hellen Stellen, Alpenweiden und Waldrändern im ganzen Gebiete zwischen 1.000 und 2.500 m häufig, namentlich in den Centralalpen.«

(K. W. v. Dalla Torre: Die Säugethierfauna von Tirol und Vorarlberg, 1887/88)

Die Alpenfledermaus (Hypsugo savii) ist klein, lebhaft, kontrastreich gefärbt. Hört man den Namen dieser Art, drängt sich der Gedanke auf, daß sie – wie auch Dalla Torre im vorigen Jahrhundert annahm – hoch auf den Bergen zu Hause sei.

Heute ist bekannt, daß es sich um eine ausgesprochen mediterrane Art handelt (verbreitet vorwiegend in Südeuropa, auf zahlreichen Inseln, auch an der Küste).

In Südtirol ist die Alpenfledermaus nur im Talboden des Etschtales bis in die Gegend um Meran nachgewiesen worden (in Höhen um 400 Meter).

Wir wenden uns daher einer anderen Fledermausart zu, die auch in großen Höhen lebt und jagt: dem Braunen Langohr (Plecotus auritus). Diese Art macht mit ihren 3-4 cm langen Ohren (bei einer Körperlänge von 4-5 cm) ihrem Namen nun wirklich alle Ehre. Allerdings braucht es schon besonderes Glück, sie zu Gesicht zu bekommen: nicht weil sie selten ist oder versteckt lebt (sie hängt oft frei an der Decke des Dachbodens) – sondern deshalb, weil sie nachtaktiv ist, im Finstern auf Beutefang geht und so unserer Beobachtung entgeht. Sie jagt während der Sommer- und Herbstmonate nicht selten an und über der Waldgrenze, wo Nachtfalter und

Die Alpenfledermaus.

andere nachtaktive Insekten reichlich vorhanden sind.

Zu dieser Art gesellen sich noch Zwergfledermäuse, Bartfledermäuse und die bei uns äußerst seltene Nordfledermaus.

Auch alle anderen einheimischen Fledermäuse sind ausschließlich Insektenfresser (Nachtfalter, Motten, Mücken und Fliegen, Käfer und Maulwurfsgrillen).

Sie beschädigen weder Holzbalken noch Mauern, greifen niemals Menschen oder Tiere an, lieben die Ruhe und Einsamkeit über alles. Sie sind also nur froh, wenn sie in ihrem Quartier ungestört leben dürfen. Als reine Insektenvertilger spielen sie eine wichtige Rolle als Indikatoren für die Umweltqualität.

Natur aus Menschenhand

(vom Reichtum der Trockenmauern)

Der Neuntöter.

Bereits an warmen Februartagen ist die Mauereidechse (Lacerta muralis) aus der Winterstarre erwacht, liegt in der Nische zwischen zwei Mauersteinen und genießt die wärmenden Strahlen der Frühlingssonne.

In der zarten Blüte der Heckenrose sitzt der Rosenkäfer (Cetonia aurata), bronzegrün glänzend, einer der acht in Südtirol vorkommenden Rosenkäferarten.

Auf der Spitze der niederen Schlehdornhecke fällt das Neuntöter-Männchen auf (Lanius collurio). Es schlägt aufgeregt seinen schlanken Schwanz hin und her, weil sich am Grunde der Hecke sein Nest mit den Eiern befindet. Dort brütet verborgen das Weibchen.

Wir entdecken eine Grille, Heuschrecke oder junge Eidechse, aufgespießt auf einem Dorn – das Werk des Neuntöters, der für regnerische Tage vorgesorgt hat.

Aus dem nahen, hohen Busch einer Traubenkirsche tönt stets aufs neue ein Lied, das der Dichter Joseph von Eichendorff mit den vielsagenden Worten »Wie, wie hab ich dich so lieb« übersetzt hat – der Balzgesang des Goldammer-Männchens (Emberiza citrinella) an sein Weibchen. Bald wird es, wohlverborgen am Grunde eines Grasbüschels oder einer Hecke, die hellgrünlichen, mit vielen »Kritzellinien« verzierten Eier bebrüten.

Im halboffenen Maul einer Schlingnatter (Coronella austriaca) sind noch Schwanz und Flügel der jungen Kohlmeise (Parus major) zu erkennen, die sich die Schlange aus dem Nest im Mauerloch geholt hat. Den Eltern nützt es nichts mehr, wenn sie heftig schimpfen und zetern – die Brut ist verloren. Sie werden schon in den nächsten Tagen mit dem Bau eines neuen Nestes beginnen. Das Nachgelege wird zwar nur mehr aus 3 - 4 Eiern bestehen (anstelle von bisher 7 - 8), aber mit mehr Glück ist der Nachwuchs gesichert.

Nur wenige Meter weiter, in einem kleinen Loch in Bodenhöhe, vermelden die Jungen der Tannenmeise (Parus ater) mit piepsenden Stimmchen ihren Anspruch auf Nahrung.
Fast unbemerkt lauert auf der Mauerkante, dürftig von einigen Pflanzenblättern verdeckt, die große, grüne Gottesanbeterin (Mantis religiosa) auf eine unvorsichtige Grille oder Heuschrecke.
An einem der lockeren Pölsterchen der Weißen Fetthenne (Sedum album), der »Mauernudel«, nagt eine Raupe gemächlich an den rundlichen »Blättern« – blauschwarz und seitlich mit roten Punkten geziert: die Larve des Apollofalters (Parnassius apollo).
Zahlreiche schwarze Raupen mit starken, dornigen Stacheln finden sich auf Brennesseln am Fuße der Mauer. Aus ihnen werden die Tagpfauenaugen (Vanessa io) schlüpfen.
Auch die Raupen des Kleinen Fuchs (Vanessa urticae) sind schwarz, doch zu erkennen an den Haaren und den gelblichen Seitenlinien.

Unter den Blättern der Brennessel halten sich die Raupen des schwarz - weiß - rot gezeichneten Admirals (Pyrameis atalanta) versteckt. Alljährlich wandern im Frühsommer Admiral-Falter aus südlichen Gegenden ein, legen Eier, vermehren sich und sind im Herbst oft zahlreich auf Blumen und an süßem Obst zu bewundern. Auf Alpenpässen (so am Jaufen) kann gelegentlich eine starke Wanderbewegung von Nord nach Süd beobachtet werden, an guten Tagen im September mit leichtem Süd (Gegen-) wind ein faszinierendes Schauspiel.
Zurück zur Mauer. Vom Mauswiesel war noch nicht die Rede, und nicht vom bunten Stieglitz, der aus reifen Distelköpfen die Samen herauspickt. Und von den zahlreichen Insekten – noch an Arten genug.

Der Apollofalter.

Wanderung 4

Unterm Tschigat

(Grenze des Waldes – Waldgrenze)

Zwar beherrscht der Wald
weite Bereiche der Landschaft am Töllgraben, doch sind auch ihm Grenzen gesetzt:
das Hochgebirge, die Felsen, die Gräben
und die vom Menschen landwirtschaftlich genutzten Flächen.

Der Verlauf der Waldgrenze wird vor allem
von Einflüssen aus der unbelebten Umwelt bestimmt, den sogenannten »abiotischen« Faktoren:
der Wald hat ernährungsbedingte, orographische und klimatische Grenzen.

Damit Wald sich entwickeln kann,
muß der Boden zumindest so tiefgründig sein, daß Bäume
sich darin verankern können.
Als weitere Faktoren sind von Bedeutung:
eine ausreichend dicke, wasserhaltende Feinerdeschicht,
eine entsprechend gute Versorgung mit Sauerstoff und Nährstoffen.
Ist die Bodenschicht zu dünn –
auf Felsen, auf Schutthalden oder in Mooren, fehlt der Wald.

Auch Bachanbrüche, Felswände, Lawinenbahnen
setzen dem Wald Grenzen.

Die obere Waldgrenze ist jedoch klimatisch bedingt.
Entscheidend ist die Anzahl der Sommertage
mit mittleren Temperaturen über 10° C, weil nur sie Bedingungen
bieten, die für die Photosynthese günstig sind.

Am Alpenhauptkamm liegt die obere Waldgrenze
am höchsten, da hier das wolkenärmere Kontinentalklima
die Vegetationsperiode verlängert.
Den neuen Jahrestrieben bleibt mehr Zeit,
bis zum Beginn des kritischen Winters auszureifen.
Gefahr droht den immergrünen Bäumen
an warmen Tagen des Spätwinters: sie verdunsten
bereits Wasser, ohne neues aufzunehmen,
da der Boden gefroren ist.
Die »Frosttrocknis« läßt die Bäume verdursten.

Wegverlauf, Besonderheiten

(unterm Tschigat)

Die Wanderung zu Füßen des Tschigat
verläuft an der Grenze zwischen Wald und Grasland.
Sie führt nur scheinbar
durch unberührte Naturlandschaft,
denn seit Jahrhunderten wirkt hier der Mensch.

Die Leiteralm war vor langer Zeit Schwaighof
und wurde im Jahre 1285 erstmals erwähnt als »Klamiss«
(»von Wald umgebene Grasinsel an der Klamm«).
Sie wurde im 16. Jahrhundert zur Alm umgewandelt,
seit 1950 zum Teil aufgeforstet und als Berggasthof ausgebaut.
Weitere Spuren menschlicher Nutzung
sind alte Baumstöcke entlang des gesamten Weges.

Auch an den Töllgraben wurde Hand angelegt
(erste Wildbachverbauungen in den Jahren 1901 bis 1906).
Sodann das Hochganghaus und der Saumpfad zur Gojener Alm
(in den Jahren 1990 und 1991 ausgebaut).

Nassereith wird als Hof 1285 urkundlich erwähnt.
(*»in acereto«* = im Ahornach = Gegend, wo Ahorne wachsen).
Der Sage nach sei der Nassereither wohlhabend gewesen –
seine Töchter trugen goldene Schuhschnallen und wertvolle Brustketten.
Am Ende des 15. Jahrhunderts kaufte die Gemeinde Partschins
den Hof und wandelte ihn 1550 in eine Alm um.
Bereits 1892 war Nassereith in Kartenwerken als Wirtshaus angegeben.
Daran hat sich nichts geändert.

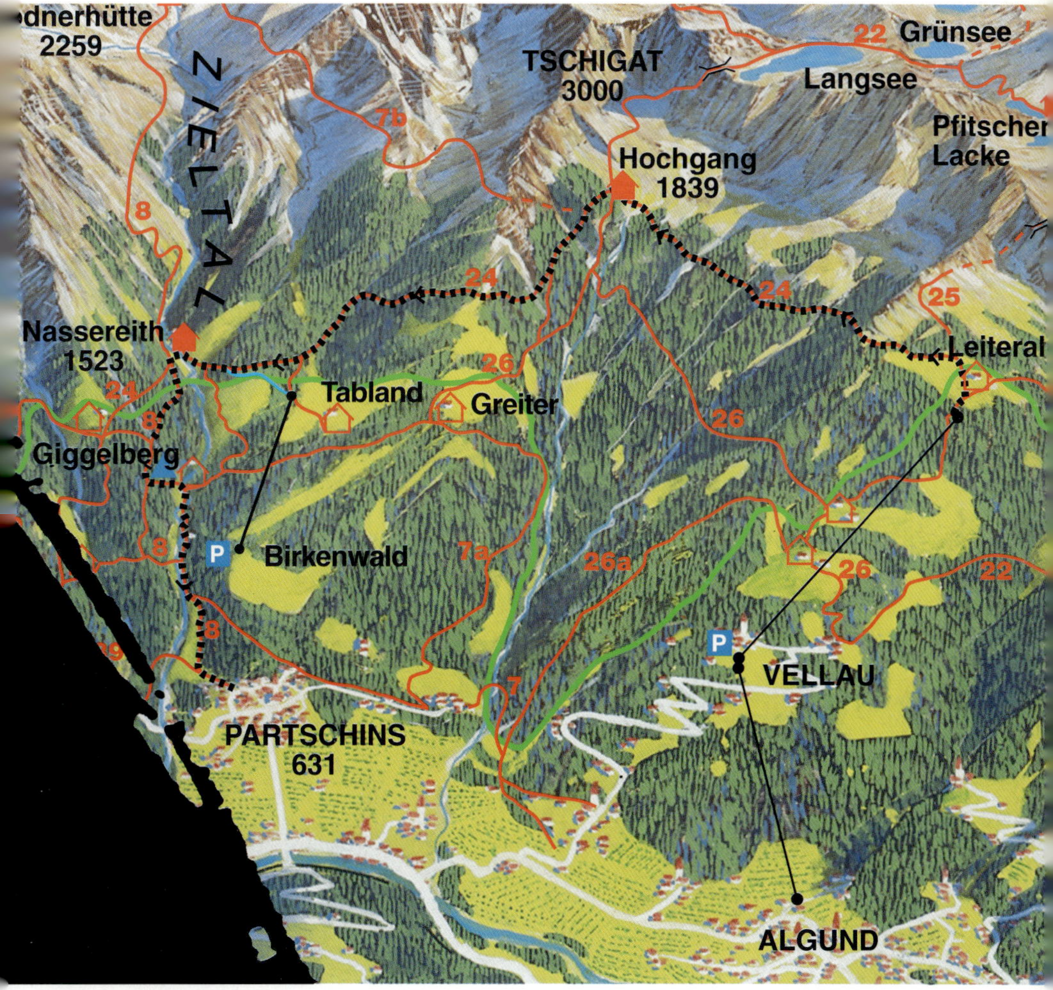

Zur Leiteralm am besten mit dem Korb- und Sessellift von Algund (¾h).
Westwärts den Meraner Höhenweg entlang über Hochganghaus (mit 1.839 m höchster Punkt), Gojener Alm und Tablander Alm nach Nassereith
(von hier zu Fuß und mit der Seilbahn 1½ h nach Partschins).
Besonders zu empfehlen im Sommer – Gehzeit 6 Stunden – Höhenunterschied 300 Meter.

Früher hat der Mensch den Wald lokal vernichtet
(Raubbau, Rodung, Beweidung, Mahd).
Heute ist er global wirkenden menschlichen Einflüssen ausgesetzt.

Wald – Grenze

Entscheidend für die untere und obere Waldgrenze ist der Mensch, der »anthropogene« Faktor. Seit Jahrhunderten hat er den Wald zugunsten des land- und almwirtschaftlich genutzten Graslandes mehr und mehr verdrängt. Deshalb trifft man in den oberen Waldbeständen nicht nur auf natürliche Übergänge zwischen Wald und Grasland, sondern auch auf »anthropogene«. So entstand über der »Waldgrenze« die »Baumgrenze«.
In diesem Bereich der »Kampfzone« kommen die tiefbeasteten Bäume zumeist nur gruppenweise in »Rotten« mit schlanken kurzästigen Kronen auf, da sie so besser gegen Wind, Schnee und Eis, auch gegen Wild und Weidetiere geschützt sind.
Oberhalb der Baumgrenze, an flachgründigen, kalten und trockenen Standorten, wächst noch niederes Gras. In harten Zeiten sterben die oberirdischen Pflanzenteile ab, die Knospen jedoch überdauern unter der isolierenden Schicht verdorrter Halme und unter schützendem Schnee.

Standort – Vorteil

Im Gegensatz zu den voralpinen »Fichtenforsten« sind subalpine Fichtenwälder im Naturpark Texelgruppe nicht anthropogen entstanden.
Die Bestände sind vielmehr Ergebnis des kontinentalen Klimas: mit großen Temperaturschwankungen, dem Niederschlagsmaximum im Sommer und einer kurzen, im Frühling plötzlich einsetzenden Vegetationsperiode.
Diese Verhältnisse begünstigen die Fichte gegenüber den Laubbäumen.
Fichten ertragen Winterkälte und Temperatursprünge besser als Laubbäume. Zudem vermag die Fichte im Frühjahr wegen der immergrünen Nadeln sofort die volle Photosyntheseleistung zu erbringen.
In tieferen Lagen hingegen wird die Fichte von den Laubhölzern verdrängt.
Laubhölzer wachsen in der Jugend schneller und nehmen der Fichte somit das Licht weg – wegen des Lichtfaktors würde die Fichte gegen Buche und Tanne nie aufkommen, aber für jene ist das Klima am Südrand der Texelgruppe zu kontinental.
Am Nordrand hat sogar die Fichte Probleme: dort herrschen Zirbe und Lärche.
Die Schwäche der flachwurzelnden Fichte gegenüber der Lärche – als Pfahlwurzler – ist ihre Anfälligkeit gegen Trockenheit. Weil in höheren Lagen relativ viel Niederschlag fällt, kommt dieser Nachteil nicht zum Tragen.

Treibhauseffekt, Kohlendioxydanstieg oder Stickstoffeintragung fördern das Wachstum der Bäume, bodennahes Ozon, Versauerung des Bodens, Ozonloch oder veränderte Meeresströmungen, Winde und Niederschlagsverteilung bedrohen ihre Zukunft.

Wild – Bach

Spricht der Mensch von Wildbächen, ist eine gewisse Angst zu spüren. Deren Kraft in steilem Gelände greift die Ufer an und wäscht die Sohle aus. Auf diese Weise nehmen sie große Mengen Erdreich und Gestein als »Geschiebe« auf, bringen es mit »Wildholz« vermischt zu Tal und lagern es am Schwemmkegel ab.

In den Alpen hat der Mensch im 16. Jahrhundert angefangen, sich gegen die zerstörerische Gewalt der Wildbäche zu wehren. Er hat versucht, mittels Sperren am Oberlauf quer zum Gerinne die Erosionskraft zu verringern bzw. das Geschiebe zu fixieren. Am Unterlauf errichtet er Mauern, um sich und Hab und Gut vor wilder Geschiebeablagerung zu schützen.
Weiters wurden forstrechtliche und raumordnerische Maßnahmen getroffen, z. B. die »Bannlegung« von Wäldern oder der Verzicht auf Besiedlung besonders gefährdeter Stellen.
Am 30. Juni 1884 wurde nach verheerenden Verwüstungen in der Donaumonarchie das erste Wildbachverbauungsgesetz erlassen.

Jagd – Eigenjagd

Jagd – ein Relikt der ersten Tage? Oder kann der Mensch noch heute mit gutem Gewissen seinem »archaischen Jagdtrieb« folgen? Wohl dann, wenn die Regeln klar sind – er vermag sogar eine wichtige ökologische Funktion zu übernehmen, indem er versucht, das Gleichgewicht der Arten zu regeln. So würde ohne Jagd das Schalenwild noch weitaus mehr überhandnehmen und den eigenen Lebensraum durch Verbiß, Schälen und Verfegen der Waldbäume ernsthaft gefährden. Dies bestätigen die Beobachtungen im Nationalpark Stilfser Joch, wo seit 1983 die Jagd verboten ist.
Im Naturpark ist die Jagd erlaubt. Wer die strenge Jagdprüfung besteht und mindestens 5 Jahre in der Gemeinde ansässig ist, kann dort kraft Gesetz »jagern«. Der Jäger muß die Vorschriften über die Jagdzeiten, Jagdwaffen und Gebühren, über die Art der Bejagung und die freigegebene Stückzahl einhalten. Die Stückzahl wird von der »Abschußplankommission« für das Schalenwild und jagdbare Rauhfußwild (Spielhahn und Schneehuhn) bestimmt.
Neben dem Jagdrevier kraft Gesetz gibt es noch die Eigenjagdreviere mit einer Mindestgröße von 150 ha Fläche. Hier darf die Jagd nur vom Grundeigentümer ausgeübt werden.

Die Berge –
über Jahrhunderte als lästiges Hindernis gemieden,
heute mit Leidenschaft bestiegen.

Alpentourismus

In den Bergen zu leben, hieß lange nicht, sie auch zu besteigen. Man hat die Gipfel als den Sitz finsterer Geister angesehen und sie daher gemieden. Erst seit Anfang des 19. Jahrhunderts kamen zunehmend »Fremde« in die Alpen. Sie sahen ein Vergnügen darin, die Berge zu besteigen und die Natur zu erleben.
Was zunächst nicht verstanden wurde, ergab bald schon eine neue Chance für ein besseres Auskommen. Der Tourismus war geboren.
Seit Mitte des 19. Jh.s wurden die Alpenvereine gegründet:
1857 der Alpine Club (England),
1862 der Österreichische Alpenverein,
1863 der Schweizer Alpenclub und der Club Alpino Italiano (CAI).
1869 der Deutsche Alpenverein, welcher sich 1873 mit dem Österreichischen zum DuÖAV zusammenschloß.
Diese Vereine wollten gemäß der damaligen Statuten die Kenntnis der Alpen fördern und deren Bereisung erleichtern. Sie legten ein Netz von Wegen an und errichteten Schutzhütten.
Der DuÖAV errichtete im Gebiet des Naturparks Texelgruppe 1877 die Gfallwandhütte, 1890 die Meraner Hütte im Spronsertal in der Nähe des Grünsees, 1891 die Lodnerhütte im Zieltal, 1895 die Stettiner Hütte samt Saumweg ab Lazins, 1896-99 die Zwickauer Hütte (oberhalb von Pfelders) und 1901-03 die Essener Hütte am Seebersee.

Schutzhütten

Neben den »Schutzhütten« wurden Almgebäude zunehmend touristisch genutzt: die Oberkaser und Bockerhütte in Sprons, auch Zubauten wie das Hochganghaus – als Teil der Gojener Alm bereits um 1890 als Gasthaus geführt. Oder alte Höfe wie Leiteralm, Eishof, Seeberalm oder Nassereithhütte.
Die vom DuÖAV erbauten Schutzhütten erlebten eine wechselvolle Geschichte. Einige verfielen bereits wenige Jahre nach ihrer Errichtung, wie die Gfallwandhütte (1884) und die Meraner Hütte (1898). Die übrigen erlebten bis zum Jahre 1914 eine kurze Blütezeit, sie wurden erweitert und umgebaut. Doch dann begann eine düstere Zeit. Nach dem Ersten Weltkrieg wurden die Hütten ohne Entschädigung dem CAI übergeben. In den beiden Weltkriegen und in der Zeit der Unruhen in Südtirol (von 1961 bis 1969) blieben sie unbenutzt oder waren militärisch besetzt. In den 80er und 90er Jahren des 20. Jahrhunderts begannen für die Schutzhütten endlich wieder gute Jahre. Sie wurden erneut aufgebaut oder modernisiert.

Schwaighöfe

Schwaighöfe gibt es nur im bajuwarischen Siedlungsraum (östlich der Linie Matsch – Schlanders – Martell).
Schwaighöfe ließ der Landesfürst oder seine Lehensherrn zwischen der Obergrenze des Roggenanbaues und der des Wiesenbaues anlegen. Auf solch vorgeschobenen Höfen, oft tief in Nebentälern, konnte nur mehr Viehzucht betrieben werden.
Die Grundherren hatten neben Getreide, Salz und Lebensmitteln oft auch das Vieh (1 Schwaige = 6 Kühe) zu stellen, indessen die Zinsleistung grundsätzlich aus 150 kg Käse bestand.
Im Laufe des 15. Jahrhunderts endete die Grundherrschaft. Die nun freien Bauern mußten sich in der Folge auf eine autarke Bewirtschaftung der Höfe umstellen. Damit begann eine rückläufige Entwicklung, an deren Ende die völlige Auflassung oder die Umwandlung in eine Alm standen.

Im Naturpark Texelgruppe sind folgende Almen aus ehemaligen Schwaighöfen hervorgegangen:

Gampl = Gempl (lange vor dem Jahr 1493)
Hühnerspiel (1435)
Metzlaun, (1493), Nassereith (1550)
Leiteralm (16. Jahrhundert)
Grafalm, ehemals Egghof (16. - 17. Jh.)
Seeberalm (17. Jahrhundert)
Rableit (1877), Eishof (1897)
Mitterkaser (1910), Unterglanegg (1912).

Das Höfe – Abc

Ein »Hof« ist ein landwirtschaftliches Anwesen, das freie Bauern angelegt haben. Kleinere Höfe werden – in absteigender Größe – »Huben«, »Lechen« oder »Sölden« genannt.

Als »Meierhof« (»Moar«) wird ein großer, zentraler Herrenhof bezeichnet, den der Adel mittels angeworbener Arbeitskräfte oder Leibeigener anlegte und von zahlreichem Gesinde bewirtschaften ließ.

Der geschlossene Hof wird bei der Erbfolge als unteilbare Einheit weitergegeben. Für jede Änderung von Größe, Umfang oder mit dem Hof verbundenen Rechten ist eine Genehmigung der Höfekommission notwendig.

Die Bezeichnung »Erbhof« steht geschlossenen Höfen zu, welche mindestens 200 Jahre innerhalb derselben Familie vererbt wurden und vom Eigentümer selbst bewohnt und bewirtschaftet werden.

Der »Tschigat«-Granitgneis

Einem hellen, blockigen Gesteinsleib begegnet man im Aufschluß zwischen Tablander Alm und Partschinser Wasserfall. In einer leicht S-förmigen Schleife zieht ein breiter Biotitgranitgneis-Streifen vom Zugang des Schnalstales über den Tschigat in die östliche Texelgruppe und endet fingerförmig im äußeren Passeiertal.

Der gesamte Komplex gehört – wie auch die umliegenden Gesteine – zum Ötztal-Stubai-Altkristallin.

Gefaltete Paragneise, welche in den steileren Abschnitten zutage treten und durch ihre braune bis rostrote Farbe auffallen, umrahmen das helle Gestein und bilden das Fundament.

Vor allem klastische Sedimente wie Tone und Grauwacken (Gemenge aus Ton und feldspatreichem Sand) lieferten das Ausgangsmaterial für den Granitgneis. In die Komposition der Felsen mengen sich vor allem die Minerale Granat, Biotit, Oligoklas und Muskowit.

Vor etwa 300 Millionen Jahren, zu Zeiten der »Variszischen Gebirgsbildung«, drang heißer Kristallbrei in den älteren Sockel aus Paragneisen und Amphiboliten und erstarrte zu einem granitoiden Gesteinskörper. Aufgrund der langsamen Abkühlung konnten Mineralien wie Quarz, Feldspat und Glimmer gut auskristallisieren.

Zugleich leitete der Aufstieg von Magma das Ende der »Variszischen Metamorphose« und der Gebirgsbildung ein.

Die Erosion bemächtigte sich sogleich dieser Erhebungen und stapelte den Schutt als Waidbrucker Konglomerat in Tälern und Wannen.

In der Frühphase der alpidischen Gebirgsbildung, vor etwa 80 Mio. Jahren, zerglitten diese granitischen Gesteine unter dem tektonischen Schub. Sie wurden zu Orthogneisen umgewandelt. Die Feldspatminerale in diesem Tschigat-Biotitgranitgneis zeigen teils noch Eigengestalt. Bei anderen Kristallen weisen die abgerundeten Kanten und die eingeregelten Biotitglimmer auf gewaltsame Überprägungen hin.

Am Höhepunkt dieser Regionalmetamorphosen kam es zur teilweisen Aufschmelzung des Gesteins (Anatexis). Im Bereich östlich der Tablander Alm und zwischen Tablander Alm und Nassereith lassen sich in der Randzone des Granitgneises diese mit hellen (Leukosome) und dunklen Anteilen gemengten Migmatitfelsen erkennen. Migmatite bilden sich bevorzugt aus Gneisen mit reichlich Feldspat und Quarz und nur mäßigen Anteilen an dunkleren Mineralien.

An dem bergsturzgefährdeten Kamm zwischen Tschigat und Mutspitze zeigen die zerklüfteten Wände des Tschigat-Granitgneises in frischen Farben den periodischen Abbruch. Im Dünnschliff unterm Polarisationsmikroskop zeigt sich die mineralogische Zusammensetzung des Biotitgranitgneises genauer:

Mit 30-40 % stellen Feldspate das Grundgerüst. Quarz (mit 25-35 %), Mikroklin (5-10 %), Biotit (10-20 %) und Muskowit (5-10 %) füllen die Struktur.

Gestreßte Gesteine

(die Entstehung neuer Gesteine)

Braun und rostrot: gefaltete Paragneise.

»Metamorphose« bezeichnet den Umbau der Sediment- und magmatischen Gesteine unter erhöhtem Druck und erhöhter Temperatur bei weitgehend festem Aggregatzustand.
Die vorhandenen Mineralien passen sich durch chemische Reaktionen und Umkristallisation den neuen Bedingungen an. Neue Mineralkombinationen lassen völlig veränderte Gesteine entstehen.
Seitdem man die in der Natur beobachteten Mineralreaktionen im Labor imitieren kann, weiß man über die Vorgänge gut bescheid. Die wichtigsten laufen bei Temperaturen von 200 - 900° C ab, bei einem Druck, der 10 bis 40, seltener 100 Kilometern Erdtiefe entspricht. Die Temperatur hängt zudem von der geologisch - tektonischen Umwelt ab, sie wächst durchschnittlich um 30° C pro km Tiefe. Sie kann aber in Bereichen mit empordringendem Magma beträchtlich erhöht sein. Mit Hilfe der Faziesfelder des Druck - Temperatur - Diagramms kann rasch der Grad einer Metamorphose beurteilt werden: z. B. entstanden Gesteine der Amphibolitfazies in 10 bis 35 km Tiefe, bei 520 bis 650° C.
Die typische Metamorphose während der Gebirgsbildung erfaßt riesige Gebiete, die Gesteine werden durch Deckenüberschiebung und Faltungen über weite Strecken horizontal und vertikal verfrachtet. Dabei können sie in Bereiche hoher Temperatur und hohen Drucks gelangen.

Mosaik von Lebenswelten (1)

(Bergwiesen am Meraner Höhenweg)

Westlich der Hohen Wiege trifft der Wanderer auf eine Blumenwiese mit einer Vielzahl von Gräsern und Kräutern.
Die vorhandenen Arten weisen die Wiese als hochmontanen Horstseggenrasen aus. Er konnte sich bilden, da der Mensch den Wald zurückdrängte, um Heu zu gewinnen. In einigen Jahren wird wohl der Wald wieder zurückkehren, wie die eingestreuten Jungfichten bereits erahnen lassen.
Vorerst zeigt der alpin getönte Rasen noch seine Pracht und vermittelt zwischen den Borstgrasweidenflächen der oberen montanen bis unteren alpinen Höhenstufe – und den Krummseggenrasen der oberen alpinen Zone.
Die Artenfülle soll hier in 3 Gruppen dargestellt werden: Gräser, einkeimblättrige und zweikeimblättrige Kräuter.

Die Frühlingsküchenschelle.

Gräser, die auch im Wald häufig vorkommen (Auswahl)

Weißliche Hainsimse	Riedgras; untere Blätter am Rand weiß bewimpert, wächst in lockeren Rasen, in Fichtenwäldern häufig anzutreffen
Drahtschmiele	Rispenäste häufig geschlängelt, schräg aufwärts abstehend, regelmäßig in mageren, bodensauren Rasen und Wäldern
Gewöhnliches Zittergras	Ährchen rundlich bis herzförmig, seitlich abgeplattet, grün/violett, in Magerwiesen und lichten Wäldern häufig
Wolliges Reitgras	Rispe locker, 10-25 cm lang, kann natürliche Verjüngung von Nadelholz hemmen, besiedelt gerne Nadelwälder
Honiggras	Halm samtig behaart, junge Halmglieder oberhalb der Knoten süß, in frischen Wiesen und lichten Wäldern

Die Bartglockenblume.

Das Gewöhnliche Zittergras.

Typische Rasen- bzw. Wiesengräser

Immergrüne Segge	Blattspreiten aufrecht, glänzend grün, in festen Horsten, Bestand bildendes Riedgras in der alpinen Zone
Violettes Rispengras	5-7 mm lange Ährchen, violett überlaufen, wächst in kleinen Horsten, besiedelt Matten (1.500-2.500 m)
Gewöhnliches Ruchgras	Halm aufrecht oder aufsteigend, nie verzweigt, Cumarin erzeugt Waldmeisterduft, in Wiesen und in Wäldern
Rotes Straußgras	Ährchen 2-3 mm lang, meist rot-violett, auf hochgelegenen Wiesen Bestand bildend, gutes Futtergras
Fiederzwenke	Traube 8-15 cm lang, aufrecht, Ährchen 2-3 cm lang, meist gerade, besiedelt Trockenrasen und Waldränder
Krummschwingel	Laubspreiten glatt und auffallend dick, oft über 1 mm, öfters in subalpinen bis alpinen Rasen
Kahler Wiesenhafer	Ährchen 1,3-2,3 cm lang, silbrig graugrün-weinrot gescheckt, jede Blüte mit einer Granne, die gedreht ist

Mosaik von Lebenswelten (2)

(Flora des Gebietes)

Liliengewächse und Orchideen

Die orangefarbenen Kronblätter der Feuerlilie stehen aufrecht, die Türkenbundlilie hingegen läßt ihre fleischroten Blüten hängen. Im Gegensatz dazu – in Weiß – die Paradieslilie und Traubige Graslilie.
Drei Orchideenarten sind anzutreffen.
Die Große Händelwurz mit lilafarbenen Kronblättern und einer handförmig geteilten Knolle.
Das Gefleckte Fingerknabenkraut variiert in den Farben von weißlich über hellrosa bis hellviolett.
Das Schwarze Kohlröschen hebt sich deutlich ab von den Verwandten, in der Farbe durch den dunkelroten bis schwarzroten Blütenstand, im Geruch durch den kräftigen Vanilleduft.

Die Karthäuser Nelke.

Zweikeimblättrige Kräuter

(Name / Größe in cm / Besonderheit)

Farbe der Kronblätter blau, blau-violett, rot-violett oder rot

Wiesensaurampfer	30 - 100	300 Millionen Pollenkörner / Blütenstand
Langblattwitwenblume	40 - 80	Laubblätter immer unzerteilt
Gew. Perückenflockenblume	30 - 80	Randblüten strahlig verlängert
Ziestblättrige Teufelskralle	20 - 70	Ähre kegelförmig bis zylinderförmig
Waldstorchschnabel	30 - 60	Frucht storchschnabelähnlich
Wirbeldost, Wirbelborste	30 - 60	wird bestäubt von Hummeln und Tagfaltern
Taubenskabiose	20 - 60	Randblüten vergrößert
Karthäusernelke	15 - 40	Kronblätter dunkelpurpurn

Die Schwefelanemone.

Die Margerite.

Farbe der Kronblätter weiß, weißrot

Echter Baldrian	30 - 150	Heilpflanze bei richtiger Dosis
Alpenkälberkropf	50 - 100	Stengel und Blätter borstig behaart
Magerwiesenmargerite	30 - 70	Röhrenblüten goldgelb
Haller's Bergkümmel	15 - 60	15 - 40 Dolden zweiter Ordnung

Farbe der Kronblätter gelb

Klebrige Kratzdistel	30 - 150	Hüllblätter drüsig behaart
Großkopfpippau	25 - 70	Hüllblätter mit Drüsenhaaren
Trollblume, »Butterrosn«	30 - 60	Blüte kugelförmig
Schwefelanemone	30 - 50	fruchtend größer als blühend
Arnika, Bergwohlverleih	20 - 50	grundständige Rosette
Einkopf - Ferkelkraut	15 - 50	Stengel stets einkörbig
Rauher Löwenzahn	15 - 50	Rosettenblätter schrotsägeförmig

Die Eroberung neuer Lebensräume

(Birkenzeisig und Wacholderdrossel)

Der Birkenzeisig (Jungvogel).

Über den Fichten und Lärchen an der Waldgrenze trägt ein kleiner Vogel – der Birkenzeisig – sein schnelles, metallisch klingelndes Lied vor. Gelegentlich halten sich mehrere der Art auf den angrenzenden Almwiesen auf und picken an Löwenzahn, Habichtskraut, Disteln …

Der Birkenzeisig (Carduelis flammea) bewohnt in seiner nordischen Heimat vorwiegend Birkenwälder, ist im Alpenraum an der Wald- und Baumgrenze zu Hause. Seit einigen Jahren hat er sich auch in Lebensräumen angesiedelt, die er früher nur als Herbst- und Wintergast besuchte. Diese Entwicklung hat in manchen Gebieten Europas schon früher als in Südtirol begonnen. In der Schweiz wurde der Birkenzeisig seit Anfang der siebziger Jahre bis auf 450 m hinab in Obstgärten brütend angetroffen. Fast gleichzeitig liefen auch in Südtirol erste Meldungen ein, daß er in den Obstanlagen im Talboden brüte.

Anfangs waren es nur vereinzelte Beobachtungen in der Umgebung von Schlanders (1976). In der Folge mehrten sich von Jahr zu Jahr die Brutnachweise.

Inzwischen gehört der Birkenzeisig nicht nur an der Baumgrenze zu den häufigen Vogelarten, sondern auch in den Obstkulturen der Talböden vom Vinschgau bis ins Unterland.

Er ist zudem seit neuem in Parkanlagen, Friedhöfen und größeren Gärten als Brutvogel anzutreffen.

Seit Menschengedenken war die Wacholderdrossel (Turdus pilaris) als Wintergast aus Nord- und Osteuropa bekannt – auch als Beute für Vogeljäger. Noch heute zählt sie zu den wenigen in Südtirol jagdbaren Singvogelarten.
In den 20er Jahren begann die Wacholderdrossel, ihr Brutgebiet konstant zuerst nach Westen, später auch nach Süden auszudehnen. Die Alpennordseite war bereits in den 30er Jahren größtenteils besiedelt. Aus Südtirol liegen die ersten Brutnachweise 1969 vor. Sie brütete damals in zwei kleinen Kolonien in Auwaldresten im Pustertal und im Vinschgau. Damit begann die explosionsartige Besiedlung.
Die Wacholderdrossel brütete in den folgenden Jahren in zahlreichen Obstanlagen im mittleren Vinschgau, bald darauf schon im gesamten Talboden bis südlich von Bozen. Damit war jedoch die Ausbreitung noch lange nicht beendet. Die Waldstreifen an den Rändern des Talbodens kamen als nächster Lebensraum an die Reihe. Gleichzeitig weitete sie sehr rasch vom Talboden her ihr Verbreitungsgebiet in viele Seitentäler aus (Matsch, Martell, Schnals, Passeier, Ulten …).
Auch damit war die Besiedlung neuer Lebensräume nicht abgeschlossen – der Bereich an der Waldgrenze mit dem meist aufgelockerten Baumbestand und den angrenzenden Almwiesen bot sich als weiterer Brutplatz an.
Das Nahrungsangebot, die vielfältige sommerliche Insektenfauna, wurde rasch erkannt und angenommen.
So gehört die Wacholderdrossel – mit ihrem grauen Kopf und Bürzel, ihrem braunen Rücken, dem schwarzen Schwanz und der kräftig gefleckten Unterseite – heute zu den regelmäßigen Brutvögeln auch an der Waldgrenze.

Die Wacholderdrossel.

Wanderung 5

Am Riederberg

(der Wald und sein Holz)

Wenn fast die gesamte Bevölkerung in den Tallagen lebt
und dort ihren Wohlstand erarbeitet, ist heute in den steilen Hängen der Wald
als Schutz gegen die Erosion wichtiger denn je.

Der Wald, Lebensraum zahlreicher Pflanzen und Tiere,
könnte gut – oder gar weitaus besser – ohne den Menschen auskommen.
Doch der Mensch wird ohne Wald auf Dauer kaum überleben.

Die Bergseite zwischen Magdfeld und Saltauserbach
wird Riederberg genannt.
Es gilt dort noch heute der Spruch: »Der Riederberg isch a mieder Berg«
(ein anstrengender Berg, weil er steil und trocken ist).
Ein Blick vom Meraner Höhenweg zum Riederberg bestätigt dies.
Auch ist zu erkennen, daß das Gelände abwechslungsreich bewaldet ist –
mit einer Fülle verschiedenartiger Gehölze.

Seit jeher werden Wald und Holz auf vielfache Weise genutzt:

Der Wald liefert das Werkholz, Leuchtholz (Fackeln) und Brennholz.
Er bietet die Voraussetzung, um »Kalch« zu brennen.
In ihm hält sich das Wild verborgen und weiden die Haustiere.

Aus dem Wald brachte man Bodenstreu für den Stall,
Aststreu als Viehfutter (»Schnaiteln« – Esche und Ulme),
Pech und Harz als Lösungs- und Heilmittel
(Fichte, Lärche, Schwarzkiefer).
Honig, Wachs (Bergahorn, Linde, Kirsche, Vogelbeere),
Beeren, Pilze, Früchte (Zirbe, Buche, Nuß, Kastanie),
das Futter in Notzeiten (Buche und Eiche).
Zweige fürs Brauchtum
(Kirsche, Zirbe, Fichte, Tanne, Latsche),
Kräuter für Medizin und Spirituosen,
Asche zur Düngung der Äcker,
Baumrinde als Überdachung (Fichte) und
Gerberlohe (Eiche und Kastanie).

Wegverlauf, Besonderheiten

(am Riederberg)

Im gesamten Alpenraum ist
die Schutzfunktion
heute die wichtigste Aufgabe des Waldes.
Als einzige Vegetationsform
gewährleistet er großflächig vielfältigen Schutz vor Erosion.
Er verhindert oder verzögert
Rutschungen, Muren, Steinschlag, Lawinen.

Zudem wirkt der Wald als Filter.
Er dämpft die Wirkung von Regen, Schnee oder Hagel
und regelt den Wasserhaushalt der Böden.
Er sorgt für Trinkwasser in ausreichender Qualität und Quantität
und für saubere Luft.
Diese Leistungen des Waldes
werden in Zukunft zunehmend größere Bedeutung erlangen.
Auch im Gebirge werden gutes Trinkwasser
und reine Luft mehr und mehr zum wertvollen Gut.

Drittens bietet der Wald dem Menschen die Grundlage zur Erholung.
Meist gehetzt und gestreßt, findet der Mensch
Ruhe und Entspannung in gesunder, abwechslungsreicher Umgebung.
Damit ist der Wald auch
für den Tourismus von großem Interesse.

Die vierte Funktion des Waldes war lange Zeit die wichtigste.
Im Unterschied zu heute diente der Wald früher als nächstgelegene
Rohstoff-, Energie- und Nahrungsquelle.

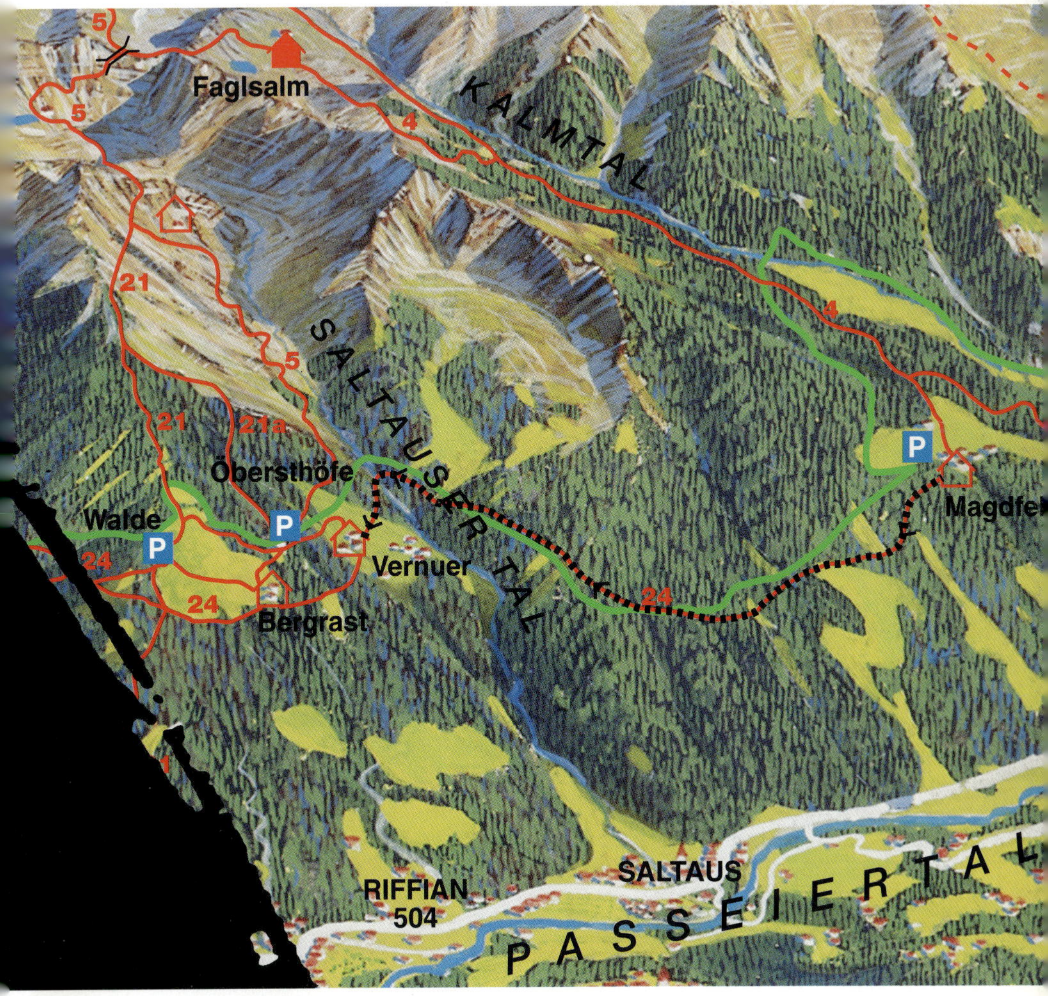

Nach Magdfeld (1.148 m, höchster Punkt) mit dem Auto von Riffian (¾h).
Sodann den Meraner Höhenweg entlang südwärts nahezu eben über mehrere Höfe bis Vernuer.
Mit dem Auto zurück nach Riffian (½h).

Empfehlenswert von Frühjahr bis Herbst – Gehzeit 4 Stunden – Höhenunterschied 150 Meter.

Binnenklima.
»Im Wald ist es immer um eine Jacke wärmer als draußen« – so wissen es die Bauern.

Ökosystem Wald

Um als Ökosystem zu wirken zu können, muß der Wald eine gewisse Größe aufweisen. Diese ermöglicht es ihm, sein charakteristisches Waldklima zu entwickeln und den typischen Waldboden auszubilden.
Der Wald unterhält eine noch weitgehend naturnahe Lebensgemeinschaft.
Die Pflanzen nehmen eine zentrale Rolle ein – sie wandeln Sonnenenergie mittels Photosynthese in chemische Energie um und binden sie in Form ihrer Biomasse. Diese gespeicherte Energie kommt allen übrigen Lebewesen in mehrfachen und miteinander vernetzten Nahrungsketten zugute – von den Pflanzenfressern über die Parasiten (Mistel, Zecke), Raubtiere (Bussard, Fuchs, Luchs), Abfallverwerter, Zersetzer (Bakterien, Pilze) bis hin zum Menschen.

Der Wald zieht den Menschen besonders durch seine Bäume in den Bann. Sie übertreffen ihn an Alter bei weitem.
Doch selbst das Leben der Riesen hängt nicht selten von Zwergen ab – so gelingt es den Bäumen nur mit den winzigen Mykorrhizapilzen an den Feinwurzeln, sich optimal mit Nährstoffen zu versorgen ... und der kaum mehr als einen Millimeter große Borkenkäfer kann eine 40 Meter hohe Fichte zum Absterben bringen.

Holz

Das Holz der Zweige, Äste und Stämme dient Bäumen und Sträuchern als Stützgerüst, um Blätter und Nadeln möglichst günstig zur Sonne auszurichten (Photosynthese). Weiters birgt es das Leitungssystem von der Wurzel zum Wipfel (für Wasser und Nährsalze). Im Holz werden auch Nährstoffe von außen nach innen geleitet und für Notzeiten gespeichert.

Aus dem röhrenförmigen Bau des Holzes ergibt sich eine Reihe seiner hervorragenden Eigenschaften:
Leichte Bearbeitbarkeit und Spaltbarkeit, vollständige Wiederverwertung, geringes Gewicht und im Verhältnis dazu höchste Festigkeit sowie gute elektrische und thermische Isolierung, auch Feuerbeständigkeit bei großen Querschnitten.
Als Nachteile gelten:
das Quellen und Schwinden (»Arbeiten«) des Holzes und die Zerstörbarkeit durch Schädlinge. Sie können vermieden werden, wenn Holz mit handwerklichem Geschick und überliefertem Wissen behandelt und verarbeitet wird.

Früher verwendete man die unterschiedlichen Holzarten
nach überliefertem Wissen.
Man wußte noch um die Zeit und Stunde, das Holz zu schlagen.

Verwendung heimischer Gehölze

(Holzart / Eigenschaft / Verwendung)

Ahorn	hart, hell	Möbel, Tischplatten, Fußböden
Aspe	leicht, schiefert nicht	Rechenstiele, »Brotflöcken«
Berberitze	hart, leicht	Rechenzähne
Birke	leicht, zäh, hart, prellt nicht	Werkzeugstiele, Wagnerholz, Pfannholz, Tragkraxen
Birne	leicht zu bearbeiten, stabil	Möbel, Drechslerei, Holzkegel, Flöten
Buche	hart, schlagresistent	Werkzeugstiele, Umhängerollen, Zahnräder, Gatterführungen
Edelkastanie	feuchtigkeitsbeständig	Fässer, Holzsäulen
Eibe	hart, dekorativ	Holzkeile, Geweihbretter
Eiche	hart, feuchtigkeitsbeständig	Fässer, Fußböden, Möbel
Esche	zäh, leicht zu biegen	Kufen, Joche, Stiele
Erle	leicht, wasserabweisend	Holzschuhe, Stöckelpflaster
Fichte	dekorativ	Vertäfelungen, Korbweiden, Möbel, Musikinstrumente
Hasel	elastisch, zäh	Korbholz, Stühle, Bergstöcke
Kirsch	zäh, dekorativ	Sensenschieber, Rechenkamm, Fleischbretter, Möbel
Kornelkirsche	hart	Pfeifenstiele
Lärche	feuchtigkeitsbeständig	Balkone, Schindeln, Möbel, Masten, Balken, Zaunstecken
Linde	leicht zu bearbeiten	Schnitzereien, Drechslerei
Nuß	formstabil, dekorativ	Tischplatten, Speckbretter, Möbel, Drechslerei
Robinie	zäh, feuchtigkeitsbeständig	Holzsäulen, Werkzeugstiele
Tanne	leicht, formstabil, beständig	Stallbau, Behälter, Orgelpfeifen
Ulme	dekorativ	Möbel, Instrumente
Weide	leicht, wasserabweisend	Korbholz, Holzschuhe
Zirbe	dekorativ, duftet	Vertäfelungen, Möbel, Drechslerei, Schnitzereien

Noch vor wenigen Jahrzehnten
bewerkstelligte man die Arbeit im Wald mit einfachsten Mitteln:
es reichten Beil, Zugsäge, Schlitten und »Zapin«.

Einschränkungen

Zu germanischen Zeiten hatte jeder Freie das Recht zur Rodung in einer Almende (»Mark / Gemein«), in jenem Land, das einer gemeinsamen Nutzung vorbehalten war. Mit wachsender Bevölkerung wurde diese Freiheit zunehmend eingeschränkt: die freie Rodung wurde bald auf »Hackwurffweite« begrenzt. Schließlich durfte sie nur noch mit der Zustimmung der anderen »Markgenossen« erfolgen.
In karolingischer Zeit beschränkten dann die »Waldbannerklärungen« der Könige die Verfügungsgewalt der Markgenossenschaften.
In Tirol hat sich nach und nach das »Almendregal« des Landesfürsten ausgebildet, wonach ihm ein Obereigentumsrecht an der Almende zustand. Dieses Recht bedeutete, daß Rodungen nur mit der landesfürstlichen Zustimmung und nach Bezahlung eines Geldzinses an ihn erfolgen durften.
Die Rodungsbewilligungen entwickelten sich zu einer guten Einnahmequelle. Zur Verwaltung der Einnahmen wurden die Forstmeister bestellt.

Die Rodungsbeschränkungen oder sogar das Verbot, Holz zu schlägern, dienten zumeist dazu, die hoheitlichen Jagdinteressen zu wahren und den Bedarf an Holz zu sichern.

Erntezeit

Nach dem Zweiten Weltkrieg war in Passeier der Monatslohn eines Holzknechtes so hoch wie der Erlös eines einzigen »Festmeters« (m≈) rohen Holzes (Rundholz).
Die Motorsäge steigerte zwar die Produktivität des Waldarbeiters. Dennoch ist der Erlös aus dem Verkauf von Rundholz gesunken – wegen höherer Löhne und billiger Importe.
Heute reicht ein Festmeter nur mehr, um den Tageslohn eines Waldarbeiters zu bezahlen.
Um die Holzernte rentabel zu halten, waren somit Verbesserungen der Infrastruktur notwendig: die Erschließung der Wälder mit Fahrwegen und Seilkränen.
Die traditionelle Methode hingegen, das »Holztreiben« (Transport der Baumstämme nur mittels der Schwerkraft in Geländemulden) richtet Schaden an am Holz, am Boden, an stehenden Bäumen.
Auch die Verwendung von Schlitten wäre zu wetterabhängig, zu teuer, zudem weitaus gefährlicher.

Der Eigentümer eines Waldes muß heute wie früher die geltenden forstrechtlichen Bestimmungen einhalten. Dies bedeutet die Beschränkung der freien Bodennutzung, besonders bei der Rodung und Schlägerung.

Waldordnung 1545

Die Waldordnung aus dem Jahr 1545 für Passeier wurde für die »gemeinen Wälder und Hölzer« erlassen – mit Ausnahme derjenigen des Bergwerkes am Schneeberg, »damit diese zur notdurft der untertanen und der stadt Meran und der umliegenden flecken zur unterhaltung der wege, straßen und brücken erhalten, geheyt (gehegt), erziegelt (gezüchtet, aufgezogen) und nicht verschwendet werden«.
Die Waldordnung mußte im Beisein der Gerichtsobrigkeit angeschlagen werden – meist vor der Kirche.
Es gab als Organe der Forstpolizei einen Waldmeister (Förster) in Sterzing und für jede der vier Propsteien (Teile der Großgemeinde) den alljährlich neu zu bestimmenden Rieger (Waldaufseher).
Der Waldmeister mußte die Wälder zweimal pro Jahr abgehen, auf Verwüstungen durchsuchen, Übertreter bestrafen, den jährlichen Holzbedarf gebührenfrei auszeigen und fehlende Grenzsteine durch neue ersetzen; er konnte Wälder in Bann legen und den Bann wieder aufheben.
Das ausgezeigte Holz durfte nicht ungebührlich verhackt, das bau- und sägefähige Holz nicht als Brennholz oder Holzkohle ver(sch)wendet werden; die Holzschläge mußten am Hang von oben nach unten durchgeführt werden, um mit Holztreiben den Jungwald nicht zu beschädigen. Es durfte kein Schadholz ungenutzt liegen gelassen werden, der Wald mußte sauber aufgeräumt werden.
Bevor geschlägertes Holz abgeführt werden durfte, mußten Waldmeister und Rieger es besichtigen und die Stöcke zählen. Wer mehr Bäume als bewilligt geschlägert hatte, wurde bestraft – und das Holz wurde eingezogen.
Wald in Weiden, Wiesen und Äcker umzuwandeln war ohne besondere Bewilligung verboten, Feuer im Wald anzuzünden generell untersagt. Falls bei Brand und Rodungen der Täter nicht ermittelt werden konnte, haftete für den Schaden die gesamte Gemeinde oder Nachbarschaft.
Das Schnaiteln war nur zum rechten Zeitpunkt nach den Anweisungen des Waldmeisters und nur bis zur halben Kronenlänge gestattet, die Waldweide nur unter Schonung des jungen Waldes erlaubt, die Pechgewinnung und das »Lörgatbohren« nur gegen Gebühr möglich.
Neben Waldordnungen wurden in besonderen Fällen »Mandate« erlassen:
Darin wurde die Einhaltung der bestehenden Vorschriften eingeschärft, so im Mandat vom 20. Juli 1607 zum Holzverkauf für Meran, in welchem ein jährlicher Brennholzbedarf von rund 7.000 Raummetern Holz und für die erste Hälfte des 19. Jahrhunderts eine doppelt so große Menge angegeben wurde. Die Lieferung erfolgte bis in die Zeit vor dem Ersten Weltkrieg mittels Trift auf der Passer.

Geologie am Wegesrand

(von Magdfeld bis Gfeis)

Würmzeitliche und postwürme Moränen verkleben die Abflachung und die Hänge um Magdfeld. Das anstehende Hauptgestein besteht aus Paragneis. Am obersten Westhang der Kolbenspitze (2.868 m) findet sich Hornblendegneis. Seine schwachschiefrige, körnige Struktur besitzt einen dioritischen Habitus. Unterhalb der Siedlung verdunkelt ein Amphibolitzug den Hangbereich. Als dunkler Schatten überzieht er das Gelände von St. Martin bis ins oberste Falser – Kalmtal. Im Spronsertal »malt« dieser Gesteinsverband letzte kleine Striche in die Paragneise. Säulenartig, zäh wie Horn, verfilzen schwärzlich grüne Hornblenden (Amphibole) die feldspatarmen Felsen, die eine deutliche Kristallisationsschieferung aufweisen. Besonders große Granate durchsetzen diese Gesteine bei Aich vor St. Martin. Am Meraner Höhenweg zeigt sich der Amphibolit im Bruch eher feinkörnig.

Öfters streckt sich die Hornblende in ihm bis zu ein Zentimeter langen Prismen und wird von großen Biotitschuppen begleitet. Bei den Paragneisen herrschen Biotitplagioklasgneise vor. Deren Hauptgemengeteile bilden albitreicher Plagioklas, Quarz, Biotit und Muskowit. Die schuppig – schieferigen Gesteine verwandeln ihre braunrote Farbe bei der Verwitterung zu Rostrot. Milchiger Quarz verteilt sich in kleineren Körnern und dünnen Lagen zwischen den Schichtfugen. Meist glättet dunkler Biotitglimmer die Oberflächen.

Ein Granitgneiszug durchkreuzt den Weg im Bereich des Schafflerhofes. Ausläufer des Tschigat-Granitgneises strahlen vom Falser – Kalmtal bis nach Riffian. Ein ausgedehnteres Vorkommen zieht von Sankt Martin über Sankt Leonhard und die Nörderspitze gegen die Jaufenspitze.

In den Biotitplagioklasgneisserien des Saltausertales sind einige Lagen von rotgrün gesprenkelten Eklogiten und von Eklogitamphiboliten eingeschaltet. Deren Name (Eklogit: griech. »Auswahl«) bezieht sich auf das ungewöhnlich enge Zusammenleben von Granat und Pyroxen (Omphacit). Eklogite erreichen – meist wasserfrei, aus »raumsparenden« Mineralien zusammengesetzt – mit 3,2 bis 3,6 die größte Dichte aller Silikatgesteine. Die massigen Felsen gehören der höchsten Druckstufe einer Gesteinsumwandlung an. Zur Passer hin läßt das zerscherte Gesteinsprofil unterschiedliche Bedingungen seiner Metamorphose erkennen. Neben den frühalpin nicht oder kaum beeinflußten Serien liegen Felsen, die vor 100 – 85 Mio. Jahren intensiv verändert wurden (Amphibolitfazies).

Hochdruck von 13 Kilobar und Temperaturen von 550° C verwandelten zahlreiche Mineralanteile. Eine nachfolgende Überprägung heizte diese Gesteine zwar auf ca. 630° C auf, streßte sie aber nur mehr mit 6 Kilobar. Hochdruckbedingungen könnten im Zuge der Schließung des Urmittelmeers durch Versenkung in große Tiefen aufgetreten sein. Beim Aufstieg kam es zu Temperaturanstieg und Druckabfall. Raschere Verschiebungen an der Schlinig- und Jaufenlinie beschleunigten die Freilegung des tief versenkten Krustenblocks.

Geologie am Rand von Kontinenten

(auf Kollisionskurs – die Periadriatische Naht)

Unter dem tektonischen Druck werden die Gesteine »zerschert«.

Das südliche Ende der Texelgruppe wird von der bedeutendsten und tiefgreifendsten tektonischen Trennungslinie in Südtirol, der Periadriatischen Naht, gestreift. Die Störungszone verläuft über die Gaulschlucht bei Lana durch das Etschtal bis zur Gilfklamm in Meran und gabelt sich hier in zwei nördöstlich verlaufende Äste. Die Periadriatische Naht gliedert Südtirol von Osten nach Südwesten in zwei Teile. Sie scheidet das ostalpine Deckengebäude samt seiner Wurzelzone von den wesentlich weniger deformierten Südalpen. Den Verlauf markieren hundert Meter breite, steile, verschiedentlich nach Süden überkippte Zerrüttungs- und Mylonitzonen. Das Bruchsystem wird flankiert von Granodiorit des Ifingers, vom Bozner Quarzporphyr der Laugenspitzen und vom Tonalit des Kreuzbergs bei Völlan.

Nach der Kollision der europäischen mit der afrikanischen Platte vor etwa 30 Mio. Jahren begann eine starke Westbewegung der sogenannten Apulia-Platte (Nordteil von Afrika). Durch eine Lateralverschiebung der Südalpen gegenüber den Ost- und Westalpen entstand dieses Periadriatische Lineament, das vom Aostatal quer durch die Alpen zieht.
Eine dritte Verwerfungslinie (Plars – Saltaus) hinterließ Mylonit-Pflaster in Sankt Peter bei Dorf Tirol, an der Südseite von Sprons und vor Saltaus.

Wald und Flora am Meraner Höhenweg

(im Bereich südlich von Magdfeld)

Fichtenwald am Meraner Höhenweg

Die Fichte setzt sich in den inneralpinen Tälern bestens durch:
aufgrund der Kältefestigkeit und Widerstandskraft gegen die Frosttrocknis, auch wegen des intensiven Wurzelsystems und ihrer immergrünen Krone, die das Licht kaum durchdringen läßt. Deshalb breiten sich in Südtirol im Bereich der montanen Höhenstufe weite Fichtenwälder aus, von einigen Sonderstandorten abgesehen. Je nach Höhenlage, Boden oder Eingriffen des Menschen bestehen verschiedene Varianten.
Der Meraner Höhenweg führt auf dem Abschnitt von Pfelders im Hinterpasseier bis zum Gigglberg (Rabland/Partschins) großteils durch Fichtenwald.
In schattigen Hanglagen drängen Fichte, Lärche und – auf tiefgründigen Böden – Tanne die Laubholzarten weitgehend zurück. In sonnigen Lagen hingegen treffen wir bis auf circa 900 m Mischwald an mit Föhre, Edelkastanie, Zitterpappel, Eberesche, Kirsche, Blumenesche, Weißbirke und vereinzelt Rotbuche. Auffallend stark hält sich die Buche auf einer Höhe von 1.100 m (z. B. bei Gfais und unterhalb des Mutkopfes) in einem Streifen von ca. 100 Metern – wohl eine bevorzugte Nebellage. Im oberen Bereich geht der Fichtenwald in eine hochmontane bis subalpine Form mit wenig Arten über. Diese kommen dafür umso regelmäßiger vor.

Der Fichtenwald.

Arten im Fichtenwald am Meraner Höhenweg

Sträucher	*Kräuter*	*Gräser*	*Farne und Moose*
Vogelbeere	Waldhabichtskraut	Drahtschmiele	Gemeiner Wurmfarn
Heckenkirsche	Schattenblümchen	Wollreitgras	Eichenfarn
Heidelbeere	Sauerklee	Weißliche Hainsimse	Sprossender Bärlapp
Preiselbeere	Waldwachtelweizen	Waldhainsimse	Stockwerkmoos
	Goldrute	Vogelfußsegge	3-blättriges Kranzmoos
	Alpenlattich		Rotstengelmoos

Aufgelichteter, artenreicher Fichtenwald

(etwa 100 m südlich von Magdfeld)

Wo der Bauer die Fichten schlägt,
wachsen mehr Laubbäume
und wuchern in mannigfaltiger Pracht
Sträucher und Kräuter.

Baumschicht	*Strauchschicht*
Fichte	Flaumeiche, juv.
	Zitterpappel, juv.
Lärche	Hasel
Blumenesche	Eingriffel-Weißdorn
Edelkastanie	Hängefruchtrose
Weißbirke	Brombeere
Salweide	Berberitze
Zitterpappel	Strauchwicke

Hochwüchsige Kräuter (nach Blütenfarbe geordnet)

weiß, weißrot	*rot, rot-violett*	*blau*	*gelb*
Alpenkälberkropf	Blutstorchschnabel	Vogelwicke	Schw. Königskerze
Schwalbenwurz	Waldstorchschnabel	Ziestbl. Teufelskralle	Klebriger Salbei
Echter Baldrian	Echter Dost	Glänzende Skabiose	Echtes Johanniskraut
Haller's Laserkraut	Bergringdistel	Perückenflockenblume	Kleiner Fingerhut
Wiesenmargerite	Geflecktes Knabenkraut	Filzkratzdistel	Arnika
Großbibernelle	Mück. Händelwurz	Gamander Ehrenpreis	Große Fetthenne

Auf Schutthängen formt die Hasel bisweilen mit dem Laub ein niederes Dach, unter dem der Wanderer wie in einer Laube vor der brennenden Sonne und kurzzeitigem Regen geschützt ist.

Grauerlenwald im Saltaustal

Auf der rechten Talseite des Saltausbaches herrscht auf lehmigem, nitratarmem Boden die Grauerle vor. In ihrem Schatten gedeihen weitere Arten, die die Feuchtigkeit lieben.
So ist ein kleiner Auwald entstanden mit schöner Schichtung. Vereinzelte Fichten, Eberesche, Edelesche und Weißbirke gesellen sich dazu. Im Unterwuchs machen sich Hochstauden breit – die Goldnessel, der Waldziest, die Sumpfkratzdistel, das Fuchsgreiskraut, der Wildengelwurz und der Gewöhnliche Gilbweiderich. Auch die Winkelsegge, Sumpfschmiele und Flattersimse zeigen feuchten Boden an, ebenso einige Farngewächse: Wurmfarn, Frauenfarn und Straußenfarn, Acker- und Waldschachtelhalm.
Stellenweise bedeckt das Wellenblättrige Sternmoos den Boden.

Wohnungsnot im Wald

(die sozialen Aufgaben der Spechte im Wald)

Der Schwarzspecht

Die zierliche Haubenmeise findet – mit Glück – einen morschen Ast oder Baumstrunk. Sie entfernt vom faulen Holz gerade so viel, daß ein Hohlraum entsteht, groß genug, um ein weiches Nest für das Gelege mit 6-8 Eiern bauen zu können.
Auf ähnliche Weise weiß sich die Weidenmeise zu helfen.
Die kleine Tannenmeise hat die geringsten Probleme; denn ihr genügt ein Loch unter einer Wurzel, in einer Erdspalte, in einem alten Baumstrunk.
Dem schlanken Waldbaumläufer genügt ein kleiner Hohlraum, eine enge Spalte hinter einem abstehenden Rindenstück, eine schmale Holzkluft, groß genug für Nest, Gelege und Brutvogel.

Bedeutend schwieriger haben es dagegen größere Vögel (wie Star, Kleiber, Wendehals, Sperlingskauz, Wiedehopf, Rauhfußkauz, Hohltaube) und andere Tiere (wie Fledermaus und Schläfer). Sie brauchen geräumige Höhlen – und sind fast ausschließlich auf alte, ausgediente Spechtlöcher angewiesen.
Im Laub- und Laub-Nadel-Mischwald gehört der Buntspecht zu unseren häufigsten Spechtarten. Da er sich meist jährlich eine neue Bruthöhle zimmert, sorgt er für ein reichliches Höhlenangebot in seinem Revier.
Der Grünspecht und der Grauspecht, die vorwiegend den Laubwald bewohnen, machen es sich etwas bequemer, sie benützen eine Höhle mehrere Jahre.
Auch der Schwarzspecht und Dreizehenspecht brüten in selbstgehackten Baumhöhlen, ersterer mit Vorliebe im Buchen-Fichtenwald, letzterer im Bergwald.
All diese Spechtarten üben eine außerordentlich wichtige Funktion im Netzwerk des Waldes aus. Auch von ihnen hängt ab, ob ein Wiedehopf und eine Hohltaube, ein Rauhfußkauz, ein Baumschläfer oder manche Fledermausart vorkommt.
Ein breitgefächertes Angebot an Baumhöhlen ist mitentscheidend, ob ein Wald gesund ist – nicht nur aus der Sicht des Naturschutzes.
Es ist unverantwortlich und kurzsichtig, die Bäume mit Spechthöhlen zu entfernen, weil sie wirtschaftlich fast nutzlos sind oder weil man der Meinung ist, daß sie der Herd für Schädlingsbefall seien. Die traditionelle Bewirtschaftung des Waldes und

das Verständnis der Forstbehörde verhindern zum Glück, daß nicht jeder Baum mit Spechthöhlen sofort entfernt wird.
Nur dann besteht ein ausreichendes Angebot an Höhlen für die kleineren und größeren Höhlenbrüter.

Bevor der Kleiber in »seine« Spechthöhle einzieht, verkleinert er den Eingang – es bleibt nur mehr ein Loch von etwa 30 mm übrig. Als Baumaterial mischt er lehmige Erde mit dem Speichel, getrocknet ergibt dies einen harten Mörtel.
Wendehals, Star und Wiedehopf brüten gern in der Nähe von Laubwaldrändern mit einem breitem Angebot an ausgedienten Spechthöhlen.
Im Bergwald jedoch sind Spechthöhlen weitaus spärlicher – der Buntspecht weist im Fichtenwald eine deutlich geringere Dichte auf als im Laub-Nadel-Mischwald, und der Dreizehenspecht kommt im Naturpark Texelgruppe kaum vor. Also fehlt er auch als Höhlenbaumeister.
Dies hat Auswirkungen auf den Bestand des Sperlingskauzes.
Noch größere Probleme haben der größere Rauhfußkauz und die Hohltaube. Für sie ist der Durchmesser einer Bunt- bzw. Dreizehenspechthöhle zu klein, nur eine aufgelassene Schwarzspechthöhle kommt in Betracht.
Wälder ohne Schwarzspechthöhlen sind für Rauhfußkauz und Hohltaube wertlos, unbrauchbar.
Umso notwendiger ist der Erhalt von Bäumen mit Spechthöhlen – vor allem im Gebirgswald.

Der Rauhfußkauz.

Rauhfußhühner

(Bestand und Gefährdung)

Das Haselhuhn.

Das Haselhuhn ist der kleinste Vertreter der Rauhfußhühner, aber das ist nicht der Grund, warum man es nur selten zu sehen bekommt. Mit dem graubraunen Rückengefieder, der rostbraun gefleckten Brust und den schwarzen Flecken auf dem hellen Bauchgefieder ist es dem Waldboden bestens angepaßt. Zudem führt es ein ausgesprochen heimliches Leben. Meist verraten nur Federn, Spuren im Neuschnee, Verbiß an Nahrungspflanzen oder Kot seine Anwesenheit. Auch der Balzgesang des Hahnes von Mitte März bis Anfang Mai ist im Dickicht nicht weit zu hören. Man bemerkt den Vogel vielleicht gerade dann, wenn er auffliegt.

Um dieser Art einen optimalen Lebensraum bieten zu können, müssen forstwirtschaftliche Maßnahmen weitgehend vermieden werden.

Lebensraum des Haselhuhns sind mehrschichtige Laub - Nadel - Mischbestände – mit lichten Stellen, mit einer artenreichen Bodenvegetation und dichtem Waldrand. In manchen Gebieten Südtirols kann der starke Rückgang der Art nicht allein den forstwirtschaftlichen Maßnahmen angelastet werden. Möglicherweise liegt das Problem in der Nahrung – das Haselhuhn ist äußerst wählerisch. Es bevorzugt Knospen von Laubgehölzen – verschieden je nach Jahreszeit. Doch auch eine zunehmende Verbreitung des Steinmarders kann sich als Gefahr für den Bestand erweisen.

Die Jagd auf Rauhfußhühner gehört
in der waidmännischen Tradition zwar zu den besonderen Erlebnissen,
aber heute ist die Beschränkung der Jagd notwendig geworden.

Das Auerhuhn ist der größte Waldvogel Südtirols. Der Hahn erreicht eine Flügelspannweite von etwa einem Meter und ein Gewicht von 3 - 5,5 kg.
Der Vogel hält sich vor allem am Boden auf. Um zu schlafen, fliegt er auf Bäume, sitzt weit außen am Ast, um so einen herannahenden Marder zu bemerken.
Er braucht störungsarme, naturnahe und aufgelockerte Mischwälder, die auf engstem Raum seine Ansprüche befriedigen. Es wird ein reiches Angebot an Schwarzbeeren und Himbeeren vorausgesetzt, daneben sind auch andere Beerenarten und die Knospen zahlreicher Laub- und Nadelbäume Bestandteil seiner Nahrung.
Auerhühner sind seßhafte und ortstreue Vögel.
Der Bruterfolg ist oftmals gering. Ungünstige Wetterverhältnisse mit kühlen, niederschlagsreichen Tagen oder sogar Wochen erschweren die Brutzeit.
Auch Wanderer, Sportler, Förster und Jäger verursachen mitunter Störungen abseits der Wege.

Das Birkhuhn hält sich an der Waldgrenze auf und darüber, weshalb es hier nur kurz erwähnt wird.
Die Balz des »Spielhahns« gehört zu den faszinierendsten Verhaltensweisen in der Vogelwelt. Anhand der mehrjährigen Beobachtungen an den traditionellen Balzplätzen wird ersichtlich, daß die Zahl der Hähne in der Regel im Laufe der letzten Jahre deutlich abgenommen hat.
Als Gründe kommen mehr oder weniger jene in Frage, die bereits beim Auerhuhn erwähnt wurden. Noch negativer als beim Auerwild wirken sich Skitouren auf den Bestand des Birkwildes aus.
Aufgescheucht zu werden und den Standort zu wechseln – ist mit beträchtlichem Energieverlust verbunden. Das Birkhuhn überlebt den Winter nur dann in guter Kondition, wenn es ihm gelingt, seine Aktivität auf ein Minimum zu reduzieren.
Morgens und abends äst es – etwa eine Stunde lang, die übrige Zeit verbleibt es unbeweglich in selbstgegrabenen Schneehöhlen.

Der Auerhahn.

Wanderung 6

Übers Spronser Joch

(zur Spronser Seenplatte)

An den Spronser Seen sind schon manche Kulturen vorübergegangen.
Vor 7.000 und 3.000 Jahren wurden bei der Oberkaser vermutlich Brandopfer dargebracht,
und die Pfelderer trugen einst ihre Verstorbenen
über das Spronser Joch zur Bestattung bis fast nach Meran.

Steil zieht das Spronsertal aus dem Talboden der Passer in den südöstlichen Teil der Texelgruppe. Eiszeitgletscher hatten Wannen und Mulden geformt, die Nacheiszeit füllte sie mit Wasser. Es bildete sich das Reich der Spronser Seenplatte.

Das Recht der Fischerei in den Spronser Seen samt Finelebach steht dem Schloß Auer in Dorf Tirol zu – bereits seit »urdenklichen Zeiten«, möglicherweise seit jenem im Oktober 1498 in Meran abgeschlossenen Vertrag von besonderer Eigenart.

In dem Vertrag ist die Rede davon, in den Spronser Seen Fische einsetzen zu wollen, nachdem »vormals kainer vysche ingehebt haben und deshalb bysher gantz on nutz gewesn sint«.

479 Jahre später gibt es dazu eine konkrete Abmachung: Im Pachtvertrag (vom 24. März 1977) zwischen dem Eigentümer vom Schloß und dem Fischereiverein in Dorf Tirol verpflichtet sich der Pächter, jährlich auf seine Kosten in den gepachteten Spronser Seen Jungfische einzusetzen und für deren Aufzucht zu sorgen. Als jährlicher Pachtschilling wird der Gegenwert von 3 kg Fisch im ersten Jahr bis gleichbleibend 20 kg Fisch ab dem 5. Jahr vereinbart. Am 12. Dezember 1987 wird der Vertrag verlängert.

Vom Joch führt durch das gesamte Spronsertal bis Dorf Tirol ein Saumpfad, den das Militär 1935-36 errichtet hat und die Parkverwaltung in Zusammenarbeit mit der Forstbehörde in den Jahren 1988 – 1997 vollständig erneuert haben.

Wegverlauf, Besonderheiten

(übers Spronser Joch)

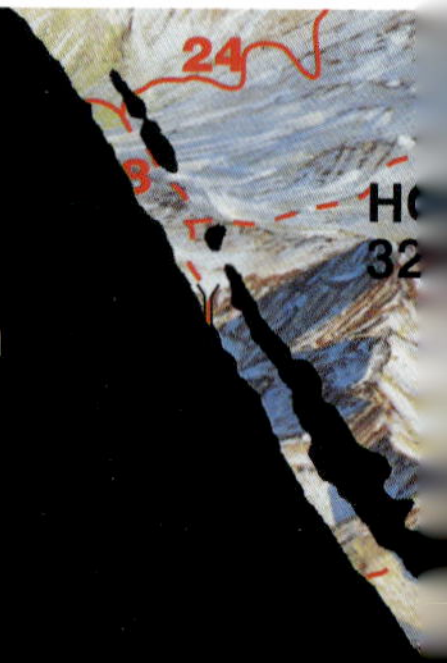

Während heute am Spronser Joch
die Wanderer rasten und die Aussicht genießen,
haben hier in früheren Zeiten die Pfelderer
nach dem Anstieg von 1.000 Höhenmetern mit ihren Toten
eine Pause eingelegt,
bevor sie sie weitere 2.000 Höhenmeter hinunter
zur letzten Ruhe nach Sankt Peter bei Meran trugen.

In Dorf Tirol, Riffian und Kuens gelten alte Wasserrechte
zur Bewässerung mit 333 Sekundenlitern.
Dieses Wasser und einige Trinkwasserquellen hängen
vom Finelebach mit seinem rund 1.500 ha großen Einzugsgebiet ab.
Im Sommer übersteigt die Nachfrage
das natürliche Angebot; so begann man zu Ende des 19. Jhs.
die Spronser Seen als Wasserspeicher künstlich auszubauen.
1887 verpflichtete sich die Gemeinde Meran, für die Aufstauung
des Grünsees zu sorgen – der See wurde durch Erhöhung des Damms
um 3 Meter aufgestaut. 1895 staute man den Langsee.

Heute kann der Spiegel des Grünsees um vier Meter, der des Langsees
um dreieinhalb Meter angehoben werden.

Die oberste »Einkehre« befindet sich in der Nähe der Oberkaser.
Es folgen – der noch in ursprünglicher Form erhaltene Kuenserwaal mit
seiner Waalordnung aus dem Jahr 1534,
die 1976 verrohrten Waale Tiroler Dorfwaal und Riffianer Waal
und der bereits 1332 erwähnte Purnwaal.

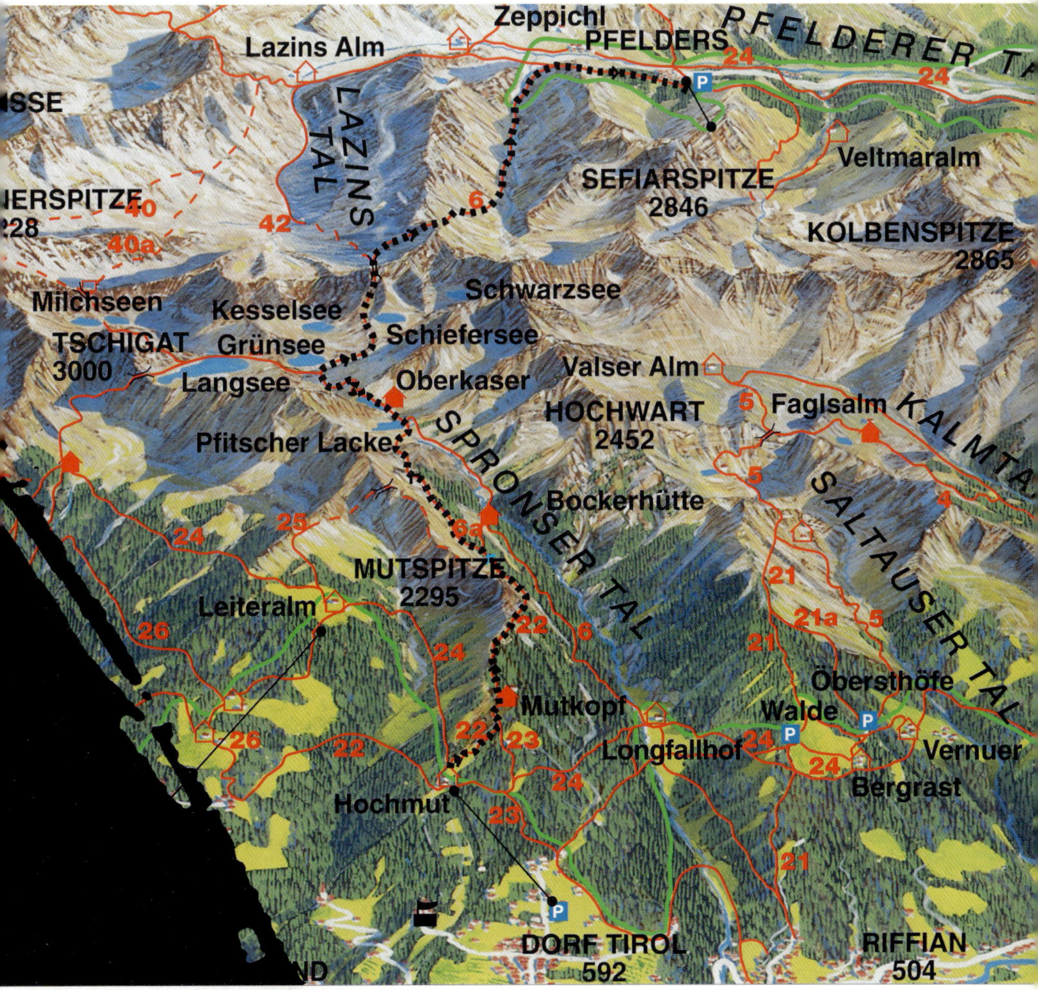

Nach Hochmut am besten mit der Seilbahn von Dorf Tirol (¼h) zum Mutkopf.
Von Hochmut auf dem Jägersteig zur Oberkaser.
Über das Spronser Joch (2.581 m, höchster Punkt), durch das Valtschnaltal bis Pfelders.
Mit dem Auto oder Bus 1½ bis 2 h zurück nach Dorf Tirol.
Nur im Sommer möglich – Gehzeit 8 Stunden – Höhenunterschied 1.200 Meter.

Karges Leben am steilen Hang.
Von den Muthöfen (bereits 1285 urkundlich erwähnt) erzählt Karl Wenner (Jahrgang 1922).

Bergbauernleben

Karl hatte 32 Geschwister: 17 Kinder hat die erste Mutter geboren, 16 die zweite. Besonders in den 30er Jahren waren die Verhältnisse sehr ärmlich.
Bis zum Zweiten Weltkrieg wurde am Hof alles auf dem eigenen Rücken getragen: Heu-»Pinggl« mit der »Pferggl«, Getreide als »Kornhocken«, Wein und »Leps« in »Lagler« zu 30 bis 40 Liter, Holz auf der »Krax«, Streu (Aststreu von Fichten sowie Laub- und Nadelstreu), Mist und Erdäpfel in verschiedenen »Buggelkörben«.
Die Lasten waren durchwegs 70 bis 80 kg schwer, in Extremfällen bis zu 140 kg.
Ab 1932 kamen Schußdrähte und Seilbahnen auf. In den oft steilen Äckern wurden »Korn« und Erdäpfel, Schwarzplent oder Krautrüben angebaut. Nach dem Zweiten Weltkrieg wurde ein Pferd zum »Samen« der Lasten eingesetzt.
Aus dem Wald wurde Waldheu (»Liesch«) geholt, Kien zum Anfeuern (Wurzelstöcke der Kiefer), Streu und Holz.
Holz wurde meist im Winter verarbeitet: aus 3-4 Meter langen geraden, astfreien, glatten (»gelfen«) Fichtenstämmen wurden die »Stellain« für die Reben gespalten, »gelfe« Haselruten wurden 1-2 Tage eingeweicht, gespalten und zu Körben verarbeitet. Die Lasthaken (»Schalen«) für die Schußdrähte wurden aus Buchenholz hergestellt.

Muter Mahder

Die Muter Mahder erstreckten sich einst von den mittleren Muthöfen bis zur Mutspitze. Sie wurden jedes zweite oder dritte Jahr gemäht. Jeder Bauer hatte seine eigenen Mahder (von Westen nach Osten): »in die Scheibn«, »in dr Honigblais«, »bein rauchen Tol«, »in der Spitzlait«, »bei der Stoanhütt«.
Er verbrachte mit seinen Leuten und einigen Ziegen etwa einen Monat dort oben in den kleinen Hütten (»Gaden«) mit primitiver Küche und einem Heulager.
Das Bergheu wurde mit der Sense gemäht und mit dem »Schnapper« (einer verkleinerten Sense, geführt wie eine Sichel) sogar aus den angrenzenden, schwindelerregenden Vellauer Wänden geholt.
Zum »Zammenscheiben« diente nicht ein Rechen, sondern ein 1,5 bis 2 Meter großes Fichtenbäumchen (»Tschugg«) – es wurde am dicken Ende entastet und geputzt, um daraus einen Stil zu machen. Von den restlichen Ästen wurden alle Nadeln abgebrannt, damit das Gerät leicht und rauh wurde. Das Heu wurde dann zu einem »Schober« so fest gestockt, daß Regenwasser nicht eindringen konnte – das Heu somit frisch blieb.
Zuletzt wurde das Heu »pingglweise« mit dem »Spal« befestigt und mit »Schalen« aus Buchenholz, die mit einem Stück ranzigen Specks geschmiert wurden, mittels Schußdrähten zu Tal befördert.

Bis es einträglichere Einkommensquellen gab (ab etwa 1960), betrieben die Dorf Tiroler Bauern auf der Spronser Alm eine personalintensive Almwirtschaft. Es berichtet Karl Haller, ehemaliger Alpbürge.

Spronser Almleben

Heute noch beruft der Obmann (»Alpbürge«) am 25. Jänner (Paulen-Bekehrstag), die Alpversammlung ein.
Früher ging es lebhafter zu als heuzutage.

Der Alpbürge mußte in der Folge das Almpersonal »suchen«: zuerst eine Sennerin zum Kochen (»Milchsuppe, Schwarzplentenem Riebl, und Mus«, daneben gab es Butter nach Belieben, aber kein einziges Stück Käse), Betten machen und Aufräumen für das gesamte Personal. Sie durfte an vereinzelte Passanten Butter und Milch (aber keinen Käse), etwas Wein, danach auch selbst gemischte Säfte verkaufen. Sodann gab es einen eigenen Wegmacher.
Der Spüler war für Abspülen, händisches Zentrifugieren der Milch, Belieferung der Hirten mit Mittagessen und sonstige kleinere Arbeiten zuständig.
Der Kastler hatte die Aufgabe, einmal unter der Woche und einmal am Wochenende mit einem Pferd nach Dorf Tirol »heraus zu fahren« und die Butterknollen (zu 20 kg) beim Alpbürgen abgeben; er mußte für das Personal Lebensmittel einkaufen und für es am Sonntag zur Messe gehen, Brennholz liefern und die rund fünf Kilogramm schweren Käselaibe putzen.
Dann brauchte es die verschiedenen Hirten: für die Kühe einen Großhirten, welcher der Stellvertreter des Alpbürgen war und täglich nach dem Abendessen einen Rosenkranz beten mußte – einen Mitterhirten, und für die Kälber und Schafe je zwei Hirten, von denen nur der Schafhirte ein Erwachsener war.
Und nicht zuletzt wurde der Kessler für die Zubereitung des Käses benötigt.

Im Mai wurde jährlich eine Wallfahrt nach St. Martin am Kofel oberhalb Latsch zum Viehpatron unternommen.
Um den 10. Juni wurden 300 bis 500 Schafe, 10 Tage später 70 bis 90 Kühe und 50 bis 60 Kälber für 70 bis 80 Weidetage aufgetrieben. Am Abend des Aufkehrtages wurde das anfallende Ka(s)wasser versteigert. In derselben Nacht wurden die damit zu mästenden Schweine von Dorf Tirol bis zur Unterkaser aufgetrieben.
Bei der Bockerhütte wurde das Vieh von drei Personen nach Größe, Schönheit, Gewicht, Alter und Trächtigkeit »geschätzt«, um für den Fall des Verlustes dessen Wert bestimmen zu können.
Alle zehn Tage kam der Alpbürge auf die Alm, die Milch zu messen, d. h. zu wiegen. Mit diesen Ergebnissen wurde monatlich die Butterrechnung gemacht und einmal pro Saison die Käserechnung.

Fester Boden

(Paragneis – aus Ablagerungen umgewandeltes Gestein)

Vom Hochmuter führt der Weg über Paragneise und Abschnitte aus Moränen und Hangschutt bis kurz vor den Mutkopf. Vor der Spronser Seite wird das Gestein teils dunkler, teils bleicher, blockiger und härter. Zunächst quert ein feiner Amphibolit- sowie ein breiterer Granitgneiszug, dann ein zweiter dunkler Amphibolitstreifen im Anstieg zur Mutspitze.
Im beginnenden Flachstück des Jägersteiges keilt eine dritte Amphibolitlage oberhalb des Weges aus.
Hangschutt füllt die Zwischenabschnitte des Steiges und kleidet anstehende Paragneismulden aus.
Bei mittleren bis hohen Metamorphosebedingungen kristallisierten die fein- bis grobkörnigen Amphibolite. Ihr Ausgangsmaterial stellten hauptsächlich die Vulkanite. Die Schmiede der tieferen Erdkruste verwandelte sie und ließ zahlreiche Amphibolminerale sprießen.

Schalen und Ringe aus früher Zeit.

Im mittlern Teil des Jägersteigs zweigt der alte Steig von Gratsch (330 m) ab.
Hier bricht aus dem Kamm der Mutspitze helles Granitgneis-Blockwerk – es endet erst links in den Felswänden vor dem Pfitscher Sattel. Auch dieser Abschnitt ist von mächtigem Hangschutt überdeckt.
Zahlreiche große Biotitgranitgneis-Findlinge sitzen am halbkugeligen Westhang des Fischbichls neben der Pfitscher Lacke.
Ein Wetterkreuz steht an der Karschwelle.

Am Pfitscher Sattel förderten die Archäologen 1988 und 1990 Kohlereste und Reste von Tongefäßen aus dem 12. bis 11. Jahrhundert v. Chr. zutage.
Bei der Oberkaser wurden mittelsteinzeitliche Silexartefakte gefunden, am Abhang der Rötelspitze eine Lanzenspitze aus der Bronzezeit, am Mutkopf ein spätbronzezeitlicher Brandopferplatz sowie bei der Unterkaser eine römerzeitliche Fibel.
Paragneise begleiten uns bis zum Schiefersee. Diese werden nur kurz unterbrochen von einem Ausläufer aus Biotitgranitgneis des Tschigat im Anstieg zum Grünsee und von einem kleinen Amphibolitstreifen am Schiefersee.
Der Silberglanz der Glimmerschiefer liegt am Spronser Joch, jenseits folgt kurz ein weißes Quarzband. Im weiteren Verlauf, im Valtschnaltal, schließen sich erneut Paragneise an.

Gipfelserien

(unterwegs im Gebirgspalast)

Weitblick: Naturpark Texelgruppe.

Der Gebirgspalast der Texelgruppe, eines der formenreichsten und morphologisch interessantesten Gebiete Südtirols mit etwa 200 höheren Gipfeln, trennt sich am Eisjöchl vom Hauptkamm der Ötztaler Alpen und rückt über mehrere Grate und Kämme nahe an Etsch und Passer. Pfelderer- und Pfossental begrenzen die Texelgruppe im Norden. Im Westen endet sie in den steilen Hängen des Schnalstales. Ihren höchsten Punkt erreicht sie allerdings nicht in der namengebenden Texelspitze (3.317 m), sondern im Roteck (3.336 m). Die Texelgruppe wird in der ältesten Karte Tirols von Warmund Igl 1604 als »Mons Tirolisch Alben« betitelt. In Merians Topographie von 1649 und im Großen Atlas von Homan (1735) findet sich der Name »Tyrolis Alpen«. Im »Atlas Tyrolensis« von Peter Anich und Blasius Hueber aus dem Jahr 1774 erscheint die Texelgruppe noch vielfach namenlos und einsam. Spät bürgert sich der Name »Texelgruppe« ein. Von den Menschen, die früher in diesem Gebiet unterwegs waren, gibt es keine gesicherten Aufzeichnungen. Erst vereinzelte Chronisten und Führer um 1835 erwähnen die Jöcher und Steige.

Heute ermöglichen zahlreiche Wege dem Wanderer den Zugang zum Naturpark. Bergtouren werden durch Schutzhütten, Almhütten, Unterstände, seit 1974 durch die »Guido Lammer« Biwakschachtel wesentlich erleichtert.

Hochgebirge

(geologische Definition)

Was zeichnet in geologischer Sprache ein Hochgebirge aus?
Steilformen, die hohe Reliefenergie und die ausgeprägte geoökologische Vertikalgliederung. Es bildet jenen Teil der Erdoberfläche, der durch (geologisch) junge Hebung und schnellen Aufbau zu großer Höhe gelangt und zugleich einer intensiven Abtragung ausgesetzt ist.
An den frischen Felsgerüsten werden dabei die meist älteren geologischen Strukturen weiträumig freigelegt.
Scharfe Grate, Wandversteilungen, glaziale Formen wie Trogtäler und Kare bilden das Antlitz dieser Bergwelt.
Frost und Eis beteiligen sich maßgebend an der Prägung der Hochgebirgsnatur.
In das Gestein eindringende Feuchtigkeit dehnt sich beim Gefrieren aus (9 Vol%) und sprengt den Fels. Zwischen der Waldgrenze und der Schneegrenze werden pro Jahr 250 Frostwechsel erreicht.
Große Schutthalden und Schuttkegel offenbaren die enorme Wirkung des Verwitterungsprozesses. Frostbedingte, flächenhafte Bodenbewegungen verfrachten die oft spärlichen Boden- und Vegetationsdecken talwärts.
Mit zunehmender Höhe sinken Lufttemperatur, Luftdruck und absoluter Wasserdampfgehalt. Durch den Stau von Wetterfronten weisen die Randregionen zumeist höhere Niederschläge auf.
In der verdünnten Luft nehmen die UV-Einstrahlung und die Kontraste zwischen Sonnen- und Schattenhang zu.
An einem einzigen Tag können im Hochgebirge alle Jahreszeiten auftreten.

Gletscherwelt.

Eiswelten und Permafrost

Der 33.430 Hektar umfassende Naturpark Texelgruppe zählt heute 47 Eisfelder.
Mit 926 ha Gesamtvergletscherung (etwa 3% des Parkbereichs) gehört dieser Naturraum zu den größeren Gletschergebieten Südtirols.
Die Hauptvereisungen sind auf den Gurgler und Schnalser Kamm beschränkt.
Über eine Fläche von 189 Hektar spreizt sich der Similaungletscher. In der Texelgruppe gibt es nur mehr wenige größere Eisfelder – die Texelspitze (Texelferner, 112 ha), Roteckspitze (Roteck- und Trübferner, 132 ha), der Schrottner (Schrottnerferner, 30 ha), die Hohe Weiße (Grub- und Grafferner), der Lodner (Lodnerferner, 25 ha), die Blaulacken-Spitze und die Gfallwand.
Bei der letzten großen Vereisung (Würmeiszeit) lag der Meraner Raum unter einer 1.800 Meter dicken Eisschicht. Eine Senkung der Schneegrenze um 1.200 Meter führte zu enormen Veränderungen der Landschaft. Schätzungsweise 2.400 Meter tiefer als heute lagen die Gletscherzungen und schoben ihr Ende weit ins Vorland.
Große Gletscher kamen aus dem Ulten- und dem Passeiertal und vereinten sich mit dem Eisstrom aus dem Vinschgau. Die Kraft des gefrorenen und flüssigen Wassers glättete die Landschaft und formte auch den »Gletschergarten« von Platt am Ausgang des Pfelderertals. Am Hang zur Passer wurden zahlreiche »Gletschermühlen« im Zusammenwirken von Mahlstein und Wasser geschliffen.
In der Leelage südlich des Alpenhauptkammes zerflossen vor 10.000 bis 14.000 Jahren die kilometerlangen pleistozänen Eisströme der Nacheiszeit sehr rasch. Die Gletscher heute sind kaum mehr als Reste der Eiszeiten anzusehen, vielmehr sind sie Neubildungen nach dem Klimaoptimum im Mittelalter.
Die Steilheit des Geländes, zudem auch der Mangel an hochgelegenen, flachen Bereichen, welche die Grundlage für eine Schneeanhäufung bilden, sind die Gründe für die geringe Vergletscherung.
Die rezente klimatische Entwicklung, die geringeren Niederschläge, besonders im Winter, und die relativ hohen Temperaturen im Jahresmittel drängen weiterhin die Eismassen zurück.

Permafrost

In den Alpen liegen große Gebiete oberhalb der Waldgrenze im Bereich des Permafrostes. Nur selten öffnet sich dieser »Eisschrank« an der Oberfläche. Aus der Vogelperspektive kann sich kriechender Permafrost an gerunzelten Blockhalden und Blockgletschern bemerkbar machen.
Die Untergrenze fällt, grob gerechnet, mit der minus 1° C – Isotherme (Jahresmittel) der Luft zusammen. Zudem beeinflussen Relief und Lage diesen Grenzraum stark – vereinzelt reicht der Kälteboden bis unter die Waldgrenze.
Gemächlich bewegt sich der Permafrost abwärts; sein Eiskörper verhält sich weniger starr als Gletschereis.
Daß Permafrost nicht ungefährlich ist, zeigen Murabgänge in den Alpen, die bevorzugt in diesen Frostgebieten beginnen.

Grünerlen - Buschwald

(das Gesetz des Wettbewerbs)

Die Grünerle besiedelt Bachufer, Schutthalden mit Sickerwasser, Lawinenrunsen und Waldränder (1.400 - 2.000 m).
Auf feinerdereichen, stark wasserzügigen Böden an Schattenhängen bildet sie oft ausgedehnte Bestände – im Gegensatz zur Legföhre, die nur kleinräumige Vorkommen aufweist.

Die Konkurrenzkraft der Grünerle ist gut zu begründen.

– Sagt ihr der Standort zu, verdrängt sie die in der Jugend langsamer wachsende und lichtbedürftigere Legföhre.
– Sie widersteht dem hangabrutschenden Schnee weitaus mehr als Fichte, Zirbe, Lärche oder andere Bäume.
– Sie lebt in Symbiose mit Strahlenpilzen an den Wurzeln; diese binden Luftstickstoff und verbessern die Stickstoffversorgung.
– Da sie vom Vieh nicht gern gefressen wird, ist sie gerade auf ertragreichen Almen in der Entwicklung begünstigt.

Erlengebüsch und Alpenrosen.

Unter der Grünerle können sich nur Arten ansiedeln, die mit wenig Licht auskommen und denen die Feuchtigkeit zusagt.

Das Erlengebüsch als Vegetationseinheit

deutscher Name	*Bedeutung*	*Erkennungsmerkmal*
Grünerle	Bodenfestiger	aufsteigender Strauch
Spießweide	Bodenfestiger	Kätzchen sehr dicht behaart
Eberesche	Früchte als Vogelfutter	Doldentrauben vielblütig
Rostblättrige Alpenrose	Trachtpflanze der Bienen	Zwergstrauch, Krone purpurrot
Meisterwurz	Heilpflanze	weiß blühender Doldenblütler
Schilfstraußgras	Pionierpflanze	Blütenachse behaart
Schmalblättr. Weidenröschen	Bodenfestiger	Krone leuchtend purpurrot
Herzblatt	Feuchtezeiger	Grundblatt herzförmig

Hochstaudenfluren

Der Wolfseisenhut.

Erlengebüsch.

Am Rand der Grünerlenbüsche, an Hangfüßen, in Hangmulden oder in steinigen Rinnen sammeln sich oft mit dem Wasser verschwemmte Nährstoffe – es entstehen kleinräumig sehr fruchtbare Böden.
Apern diese Anfang Juni aus und bewahren sie weiterhin ihre Feuchtigkeit, können hier hochwüchsige Kräuter aufkommen, die aus dem hochmontanen Wald und den subalpinen Zwergstrauchheiden oder von Weiderasen einwandern.
Sehr oft gewinnen wenige Arten die Überhand – Grauer Alpendost, Meisterwurz, Alpensauerampfer. Leider sind die purpurrote Bergscharte oder der violette Alpenmilchlattich in der Texelgruppe auf einzelne Wuchsorte zurückgedrängt.

Hochwüchsige Pflanzen (Auswahl)

Grauer Alpendost
Korblütler, 60-150 cm, Blütenkrone purpurn

Meisterwurz
Doldengewächs, 50-100 cm, Blätter doppelt dreizählig

Wolfseisenhut
Hahnenfußgewächs, 50-150 cm, Blüten gelbweiß

Bergfrauenfarn
Blätter 100-150 cm, zweifach gefiederte Blätter

Weißer Germer
Liliengewächs 50-150 cm, Blätter wechselständig

Anpassung ans Hochgebirge (1)

(das Alpenschneehuhn – ein Relikt der Eiszeit)

Alpenschneehuhn (♀) im Sommerkleid.

Die eigentliche Heimat des Alpenschneehuhns (Lagopus mutus) sind die Gebiete rund um den Nordpol. In Europa lebt es in den alpinen und nivalen Stufen der Alpen, der Pyrenäen und in Schottland.
Selbst im strengsten Winter, unter extremsten Bedingungen, verlassen Schneehühner nicht ihren Lebensraum oberhalb der Baumgrenze. Sie suchen im Winter steile, sonnseitige Hänge und vom Wind schneefrei gefegte Kanten auf, während sie im Sommer Schatten lieben, sich dort aufhalten, wo der Schnee bis weit in den Sommer hinein – zumindest in einzelnen Flecken – liegengeblieben ist.
Der Energiehaushalt des Vogels ist eng mit der Art seiner Nahrung gekoppelt. Ab Juni ernährt sich das Schneehuhn von Kräutern und Zwergweidensträuchern – leicht verdaulichen, proteinreichen Pflanzen.
Im Sommer, wenn die Jungen flügge sind, wandert es mit der Schneeschmelze stets höher hinauf, um möglichst lange am Eiweißgehalt Anteil zu haben, der bei den Pflanzen während der Zeit des Sprießens am höchsten ist. Schneehühner stellen – im Gegensatz zu Birkhühnern – auch nach starkem Schneefall nicht auf Baumäsung um. Sie suchen Windkanten und andere exponierte Stellen auf, wo die Bodenvegetation durch heftigen Wind freigelegt ist. Heidelbeertriebe, Alpenrosenblätter und -knospen, Blätter der Preiselbeere, der Bärentraube, des Thymians und der Krähenbeere und die Knospen und Kätzchen der Zwergweiden bilden die Hauptnahrung.

Um in einem solch extremen Gebiet überleben zu können, sind Formen der Anpassung notwendig. Besonders fallen die Veränderungen des Gefieders auf.
Im Winter tragen Hähne und Hennen ein schneeweißes Federkleid (ausgenommen die schwarzen Schwanzkanten und »Zügel» beim Hahn).
Im Sommer ist das Gefieder beim Hahn schwarzbraun marmoriert, bei der Henne gelb- und schwarzbraun gebändert. Der Hahn ändert viermal im Jahr die Farbe seines Gefieders, die Henne dreimal, um entsprechend den stets wechselnden Farben der Umgebung so gut wie nur möglich getarnt zu sein und im deckungsarmen Gelände nicht aufzufallen.
Der Wechsel vom weißen Winterkleid in

das schwarzbraune Brutkleid ist weniger streng an die Jahreszeit gebunden, sondern hängt mit der Schneeschmelze zusammen.
Das außergewöhnlich dichte Gefieder bietet ausgezeichneten Schutz vor Kälte. Die einzelnen Federn sind nicht nur von besonderer duniger Struktur, sie haben zudem einen zweiten Schaft, der nur mit Flaumfedern bestückt ist und dafür sorgt, daß eine isolierende Luftschicht zwischen den dachziegelartig sich überlappenden Federn eingeschlossen ist.
Zudem sind die Nasenlöcher von Federn bedeckt, und der Lauf und die Zehen sind im Winter mit langen Federn sehr dicht befiedert. Davon leitet sich auch der wissenschaftliche Name »Lagopus» (»Hasenfuß«) ab. So kann sich das Huhn im lockeren Pulverschnee mühelos fortbewegen, weil es regelrecht »Schneeschuhe« trägt. Im Sommer ist diese Befiederung kürzer und lockerer.
Noch eine weitere Anpassung an die Bedingungen hoch über der Waldgrenze ist die Wahl des Schlafplatzes. Das Schneehuhn gräbt eine Höhle in den Schnee. Es scharrt zuerst mit den Füßen einen Eingang, gräbt sich dann mit dem Schnabel einen Tunnel, schiebt den Schnee hinter sich – und verschließt auf diese Weise den Zugang.

Das Gelege aus 6 - 8 Eiern befindet sich in einer Mulde, unter einem Zwergstrauch, neben einem Stein. Die Henne ist außerordentlich gelegetreu, sie läßt – unbeweglich verharrend – den Wanderer oft bis auf

Alpenschneehuhn (♂) im Übergangskleid.

wenige Schritte herankommen, bevor sie, als sei sie verletzt, kläglich, mühselig humpelnd über den steinigen Boden flüchtet, ohne das Gelege aus den Augen zu lassen. Wenn der Störenfried sich weit genug vom Nest entfernt hat, ist die Henne wieder bei bester Gesundheit und läuft oder fliegt in einem Bogen zum Nest zurück.
Dieses Verleit-Verhalten wird – meist erfolgreich – auch beim Auftauchen eines Fuchses oder Marders gezeigt.
Schlechtwetter im Frühsommer mit anhaltender Nässe und Kälte hat verheerende Folgen für den Bruterfolg.
Auch hat mancherorts die unkontrollierte Jagd auf dieses Rauhfußhuhn empfindliche Bestandseinbußen verursacht.

Anpassung ans Hochgebirge (2)

(Schneehase, Alpenmurmeltier, Hermelin)

Der Schneehase.

Der Schneehase (Lepus timidus) lebt im nördlichen Europa. Zudem besteht eine isolierte Population im Alpenraum – wohl aus der letzten Eiszeit.
Im Norden – von Schottland über Skandinavien bis nach Sibirien – lebt er vorwiegend in der Taiga und in der Tundra, in den Alpen im Bergwald, in der Krummholzzone, auf Almböden bis zur Schneegrenze. Warum der lateinische Name ihn zum »Angsthasen« gemacht hat, bleibt rätselhaft.
Seine Fähigkeit zur Anpassung ans Hochgebirge beweist in erster Linie der Farbwechsel seines Pelzes – er bekommt im Herbst einen reinweißen Winterpelz, ausgenommen die schwarzen Ohrenspitzen. Daneben trägt er »Schneeschuhe« wie das Schneehuhn: die stark behaarten Sohlen und weit spreizbaren Zehen vergrößern die Antrittsfläche so, daß er sich sicherer und schneller auf der Schneedecke bewegen kann. Er ist vorwiegend in der Dämmerung und nachts unterwegs; untertags verbringt er die meiste Zeit bewegungslos in seiner »Sasse«. Im Winter kann es auch vorkommen, daß er sich wie das Schneehuhn zum Schutz vor Kälte und Feinden einschneien läßt oder sich eine Höhle in den Schnee gräbt.

Das Hermelin (Mustela erminea) hält sich in Geröllhalden auf, bei Steinmauern, auf steinigen Almwiesen und bei Almhütten.

Nicht nur das Alpenschneehuhn, auch andere Tiere haben sich - auf unterschiedlichste Weise – den besonderen klimatischen Bedingungen eines hochalpinen Winters angepaßt.

Der Pelz ist an der Oberseite zimtbraun, an der Unterseite weiß – im Sommer. Im Winter ist der Pelz reinweiß – einzig die Schwanzspitze bleibt im Winter schwarz. Da das Hermelin vorwiegend tagaktiv ist, stets auf der Suche nach Nahrung, taucht es oft unvermittelt zwischen Steinen auf, um ebenso schnell zu verschwinden.
Die Anpassung geht so weit, daß es in milden Lagen ganzjährig seine braune Pelzfarbe beibehält.
Auch das kleinere Mauswiesel (Mustela nivalis) trägt nur im Hochgebirge im Winter einen weißen Pelz.

Anders ist das Leben der Alpenmurmeltiere (Marmota marmota) ans Hochgebirge angepaßt. Sie spüren nichts von Kälte und Stürmen, von Schnee und Nahrungsmangel. Tief verborgen in ihrem Erdbau verschlafen sie die unwirtlichen Zeiten des Jahres. Im Laufe des Sommers haben sie sich an einem offenen, südexponierten Hang einen tiefen Bau gegraben. Erdhaufen, Steine und Felsbrocken zeugen von ihrer beschwerlichen Tätigkeit. Nicht selten muß eine Grabung aufgegeben werden, weil der Fels ein Weiterkommen unmöglich macht.
Im Herbst wird nicht nur ein dickes Fettpolster als Winterreserve für den Organismus angelegt, es muß auch trockenes Heu für das Winterlager gesammelt und in den Bau getragen werden.
Nach den ersten Schneefällen im Herbst suchen sie ihr Winterlager auf und verlassen es nicht vor April. Dann kommen sie hervor ans Tageslicht, abgemagert, ausgehungert. Die Gefahren des Winters sind überstanden, aber die Nahrung ist knapp. Späte Schneefälle bleiben nicht aus.
Und andere Gefahren ... die gesellig lebenden Murmeltiere haben jedoch eine Methode entwickelt, die ihr Leben sicherer gestaltet: der schrille, laute Pfiff des Wächters vermeldet Gefahr – und blitzschnell sind sie in ihrem Bau verschwunden. Der Adler, wie auch der Wanderer, hat dann meist das Nachsehen.

Dennoch, mit Geduld und ruhigem, unauffälligen Verhalten lassen sich die Murmeltiere leicht beobachten. Es gehört zu den besonderen Erlebnissen, ihrem Treiben zuzusehen, vor allem, wenn die halbwüchsigen Jungen vor dem Bau herumtollen, sich balgen, jagen und necken.

Hermelin im Winterkleid.

Wanderung 7

Hinter Pfelders

(Gras, Wiese, Rasen)

Gras und Wald - härter können Gegensätze nicht sein.
Lazins, Zeppichl, Pfelders und Stein (von vorne nach hinten)
inmitten der dunkelgrünen Wiesen
auf der gerodeten Sonnenseite, mit ausgedehnten Weideflächen und Bergmähdern.
Auf der Schattenseite hingegen fast nur Wald.

Der Nordwesten des Pfeldererertales wird umgürtet vom Gurgler Hauptkamm.
Mit 3.482 m bildet die Hohe Wilde den Eckpfeiler im Südwesten,
im Südosten die Sefar und die Ehren Spitze.
In Marmorweiß gehalten zwischen Pfelderer- und Lazinsertal die Hohe Weiße (3.281 m).

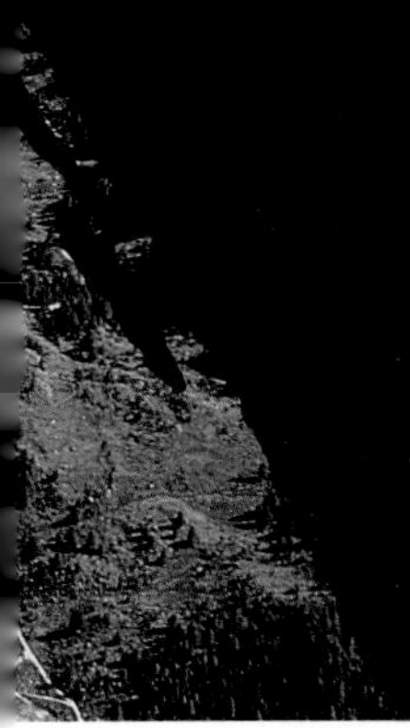

Alpine Bergstürze begleiten das nacheiszeitliche Geschehen.
Indem das Eis sich zurückzog, welches
das Pfeldererertal bis in große Höhen füllte, wurden die versteilten Hänge zur
»Rutschbahn für die Schwerkraft«.
Die allgemeine Erwärmung veränderte die Bodenfrostverhältnisse.
Die während der Kaltzeiten gelockerten Felsmassen
verloren ihren Halt und donnerten zu Tal –
manche Bergstürze wurden
mitunter auch von Erdbeben ausgelöst.

Die Sturzmassen, welche den Pfelderer Bach heute
vor der Lazinser Kaser bremsen,
brachen wahrscheinlich vom nördlichen Teil der Ehren Spitze ab.
Mangels eines Eisförderbandes wurde die Blockhalde
nicht talauswärts befördert,
sondern verschränkte sich mit dem Schuttkegel
aus dem westlichen Steilgelände.

Bis sich das zurückgestaute Wasser
eine Kerbe in den Damm geschnitten hatte,
verflachten die feinen Lösungsfrachten, Sand und Kies
den Grund des Tales.

Die nacheiszeitliche Seitenmoräne
und die gebänderten Steilflanken im Hintergrund
lassen den Almboden
als buntes Amphitheater erscheinen.

Wegverlauf, Besonderheiten

(hinter Pfelders)

Beda Weber würde heute –
trotz seiner wortgewaltigen Sprache – verstummen
beim Anblick von Pfelders,
das er im Jahr 1852 beschrieben hatte.

Auf der Wanderung taleinwärts
bis zur Lazinser Kaser fällt der unterschiedliche Charakter
beider Talseiten sogleich auf.
Sonnseitig erstrecken sich vom Talgrund bis auf 3.100 Meter
in die steilen Felsflanken nur Gras und kleinere Strauchflächen,
während auf der Schattenseite
bis in eine Höhe von 2.000 m auf weniger steilem Hang
ein lockerer, junger, subalpiner Lärchen-Fichten-Zirben-Wald stockt.
Diese Verteilung ist zweifellos vom Menschen beeinflußt:
Auf der Sonnenseite wurde der Wald gerodet,
um ausgedehnte Mahder und Weideflächen zu schaffen.

Der Aufstieg Richtung Eisjöchl erfolgt über den vom DuÖAV im Jahr 1895
angelegten, 100 Jahre später von der Parkverwaltung gemeinsam
mit der Forstbehörde instandgesetzten Saumpfad zur Stettiner Hütte.

Bereits 1886 sollte am Joch eine Schutzhütte gebaut werden –
erst 1897 wurde die Stettiner Hütte fertiggestellt.
Während des Ersten Weltkrieges blieb die Hütte unbewirtschaftet,
1931 wurde sie von einer Lawine zerstört und wieder aufgebaut,
von 1965 bis 1971 vom italienischen Heer besetzt,
ab 1972 wiederum bewirtschaftet und von 1992 bis 1993 neu errichtet.

Auch Josef Tarneller würde staunen:
Er führt 1909 für Pfelders nur die Höfe Espan an, neben Kressbüchl (1694 erstmals erwähnt),
Plan (1288), Lazins (doppelter Schwaighof, 1285), Zeppüchl (1369)
sowie Unter- und Oberstain (1288).
Er leitet den Namen Pfelders von »falda« ab (lat. = Viehhag).

Von Pfelders (großer Parkplatz vor dem Dorf, Busverbindung nach Meran) südwestwärts leicht ansteigend bis zur Lazinser Kaser, bergwärts zur Stettinerhütte (2.875 m, höchster Punkt) und zurück zum Ausgangspunkt.

Nur im Sommer möglich – Gehzeit 8 Stunden – Höhenunterschied 1.300 Meter.

Bereits nach wenigen Jahren
kehrt der Wald auf einstmals gerodete Weideflächen zurück –
wenn nicht »geschwendet« wird.

Graswirtschaft

Jenseits der Waldgrenze gibt es von Natur aus baumlose Grasbestände – die alpinen Rasen und Matten. Diese werden auf den Almen, gemeinsam mit den tiefergelegenen subalpinen Rasen der Waldstufe, seit Jahrhunderten extensiv genutzt: Sie werden vom Vieh beweidet. In früheren Zeiten wurden sie als Bergmähder alle zwei bis drei Jahre gemäht.
Eine intensive Ausprägung des landwirtschaftlichen »Gras-Managements« ist der Wiesenbau in der Nähe der Höfe. Dort läßt der Bauer das Grasland nicht mehr beweiden, sondern bewässert und düngt es konzentriert und konsequent. Auf solchen Wiesen wird mit jährlich zwei bis drei Schnitten Trockenfutter für den Winter (»Heu, Grummet und Pofel«) produziert.

Neben Weiden, Mähdern und Wiesen für die Viehzucht gibt es heute Grasbestände für ingenieurbiologische Zwecke (Begrünungen) und für den Sport.

Zur Zeit Beda Webers

»Ursprünglich bestanden in Pfelders, diesem Ende der Welt, wie das Volk sagt, nur 3 Höfe, welche angeblich zur Zeit einer Christenverfolgung an der Etsch von Leuten aus der Pfarre von St. Peter bei Tirol übers Spronserjoch her in Besitz genommen wurden. Sie hießen Stein, Plan und Zeppüchl …
Später ward auch noch in der Alpe Lazins zuhinterst im Thale der Hof Lazins gegründet, der im Winter gewöhnlich vier Menschen zählt. So besteht die ganze Bevölkerung von Pfelders in 142 Menschen. Die Seelsorge ward früher zu St. Peter gezogen, und die Todten mußten alle über das Joch dahin geliefert werden zum Begräbnis. Man ließ sie im Winter gefrieren, und wartete auf die bessere Frühlingszeit zur Todtenfahrt …
Die Kirche steht in Plan und ist nicht ganz sicher von den Verheerungen der Planlahn. Diese entstand erst in neuerer Zeit seit ungefähr 31 Jahren. Im Jahre 1810 brach sie plötzlich durch einen ungeheuren Wald, drang mitten im Tage auf das Widum ein, warf den Geistlichen im Zimmer um, richtete keinen großen Schaden an, da sie schon zu geschwächt war.
Die Bodenerzeugnisse von Pfelders sind von geringem Belange …
Desto fetter ist die Weide. Die Viehzucht muß Geld ins Thal bringen … «

In vergangenen Zeiten hatte man zwar keine Maschinen,
dennoch wußte man Listen anzuwenden, um sich die Arbeit zu erleichtern.
Man kannte die Bedeutung von »Schwendtagen«.

Milch und Mist

Im Unterschied zur Zeit Beda Webers ist heute im Gebirge eine industrielle Viehzucht möglich und anscheinend auch rentabel. Es genügt, einen großen Stall zu bauen, viel Vieh – ohne Rücksicht auf die Größe und den Ertrag der eigenen Wiesen und Weiden – hineinzusperren. Auf der einen Seite genügend angefahrenes, genmanipuliertes (?) Getreide, Tiermehl und Heu hineinzustecken und auf der anderen viel Milch herauszuholen.
Man scheint aber oft nicht zu bedenken, daß die Kühe proportional zum »weißen Gold« auch Unmengen braunen Drecks erzeugen: Mist und Gülle.
So wird der beste und natürlichste Dünger der Grünlandwirtschaft zum problematischen und gefährlichen Sondermüll. Dieser müßte teuer entsorgt werden, gelangt aber von den überquellenden Güllegruben und Mistlegen bisweilen bei Nacht und Nebel in ein Gewässer und tötet dort alles Leben, sogar die Mikroorganismen in den Kläranlagen. Oder er wird in übergroßen Mengen auf die Wiesen gebracht. Die Folge sind eutrophierte Gewässer mit übermäßigem Algenwachstum und Trinkwasserquellen mit erhöhten Nitratwerten und unzulässig vielen Bakterien.

Schwenden

»Schwenden« heißt zum Schwinden bringen – Almflächen von jungen Gehölzen zu säubern, größere Bäume und Sträucher zum Abdörren zu bringen …
einst die Aufgabe der »Almputzer« oder »Almräumer«.
Da nicht mit Giften oder Maschinen geschwendet wurde, sondern mit der Hand, gehörte das »Schwenden« zu den mühsamen Arbeiten. Daher versuchte man, die Mondphasen zu beachten und somit die Effizienz der Arbeit zu steigern: die Überlieferung spricht von »Schwendtagen« – der Einfluß des Mondes bewirkt, daß bereits geringfügige Verletzungen an einem Baum ihn zum Absterben bringen; ausoder abgerissenes »Unkraut« wächst auch nicht mehr nach.
Dazu eine wahre Geschichte: Vor wenigen Jahren hatte ein Bauer in Passeier einen Förster beauftragt, in seinem Wald einige Bäume auszuzeigen. Der Förster entfernte mit dem Beil wenige Quadratzentimeter Rinde vom Stamm, damit der Bauer sah, welche Bäume geschlägert werden konnten. Nach einiger Zeit fragte der Bauer den Förster, warum er nur dürre Bäume ausgezeigt hätte. Der Förster war erstaunt, denn er hatte nur grüne und gesunde Bäume ausgesucht.
Wir aber wissen nun: der Förster war an einem Schwendtag unterwegs.

Zu Schlingen gebogen

(Geheimnis Marmor: Laaser Serie und Schneebergzug)

Was ist Marmor?

Der Name (griech. »*marmoros*«) bedeutet Felsblock oder weißer Stein. Der metamorphe Kalkstein ist monomineralisch aufgebaut (bis zu 99 %) aus Calcit ($CaCO_3$).

Im Gegensatz zum Kalkstein sind im Marmor die Calcitminerale mit bloßem Auge erkennbar. Sein Bruch ist spätig, und seine Kanten sind lichtdurchscheinend. Einfallendes Licht wird noch aus mehreren Millimetern Tiefe wieder nach außen reflektiert. Weder Fossilien noch Hohlräume finden sich in gut ausgebildetem Marmor.

Marmor

Zwei weiße, markante Berggipfel wachsen aus dem Talboden des Tschingelsbaches: Der Lodner (3.228 m) und die Hohe Weiße (3.278 m). Beide Erhebungen gehören zum Carbonatzug der Laaser Serie, in dem mächtige Lagen von Kalkmarmor dominieren, die sich vom Ratschingsertal bis ins Campokristallin des südlichen Vinschgaus fortsetzen.
Namengebend für diesen Marmorzug war die Ortschaft Laas, bei der noch heute das Gestein abgebaut wird.
Die Lebensgeschichte dieses Marmors begann 20 Breitengrade südlicher als heute, am Grunde eines flachen tropischen Meeres. Vor mehr als 500 Millionen Jahren sanken die Kalkhüllen und -skelette von primitiven Einzellern und Algen, von Muscheln, Schnecken und Moostierchen in die Tiefe und reicherten sich zu weißen Kalkschlämmen an. Von anderen Ablagerungen und vulkanischen Gesteinen überdeckt und gedrückt, geriet der Kalk im Laufe der folgenden 100 Millionen Jahre in immer tiefere Erdschichten und verdichtete sich zu Gestein.
Im Kräftespiel von zwei Gebirgsbildungen (kaledonisch und variszisch) wurden verschiedene Kontinentalpuzzles zum Großkontinent Pangäa vereinigt. Magma wurde bis in die Umgebung der Kalkserien gepreßt. Bei Temperaturen von 500 - 700° Celsius, unter Druck von $4 - 7 \times 10^{15}$ Kilopascal und starker Entwässerung kristallisierten vor etwa 300 Millionen Jahren die Kalke zu grobkörnigem, reinem Marmor, den die alpidische Gebirgsbildung wieder aus der Versenkung hob.

Marmor zu Schlingen gebogen: am Lodner und an der Hohen Weiße.

Zwei Gesteinszüge strecken sich von der Brennerlinie bis in die Texelgruppe:
Im Norden und Westen lagert der Schneebergzug – und südlich davon, durch ein Glimmerschieferband von ihm getrennt, verläuft die Laaser Serie.
Beide Einheiten stellen ähnliche Gesteine, unterscheiden sich aber deutlich vom umgebenden Altkristallin, da hier Marmore auftreten – gemeinsam mit mineralreichen Quarziten, Hornblendenschiefern, Glimmerschiefern.
Während der Schneebergzug seine Massen aus Beckenablagerungen des Paläozoikums schöpfte, scheint die Laaser Serie zur gleichen Zeit Schelfbildungen entstiegen zu sein. Schon im Frühvariszikum, vor 300 – 280 Millionen Jahren, wurden ihre westlichen Abschnitte (Texelgruppe) in die örtliche Metamorphose und in den Schlingenbau einbezogen.

Schwierige Grenzziehung

(geographische und geologische Ansichten des Gebirges)

Blick zu den Stubaier und Ötztaler Alpen.
Das Zuckerhütl
dient der Orientierung.

Die Alpen sind gewiß das am besten erforschte Gebirge der Erde. Somit wissen wir auch, daß es eines der kompliziertesten Gebilde ist.
Bereits die Römer versuchten, den Raum zwischen den Meeralpen und den Karawanken zu ordnen – auch in geographischer Hinsicht. Sie unterschieden mit Namen zehn verschiedene Gebirgsgruppen, von denen einige Bezeichnungen sogar noch heute verwendet werden: z. B. die Cottischen und Rätischen Alpen.

In der zweiten Hälfte des 19. Jahrhunderts erwachte mit der touristischen und wissenschaftlichen Erschließung auch das Interesse für eine allgemeingültige Alpeneinteilung
(siehe Gutachten von A. v. Böhm in seiner Schrift »Eintheilung der Ostalpen«, veröffentlicht von A. Penck, 1887).

Die Grenze zwischen Ost- und Westalpen wurde an der vom Bodensee nach Süden verlaufenden Rheintal-Linie gezogen.
Eine geologische Trennung der beiden Gebirgssysteme war weitaus schwieriger – denn der Begriff Ostalpin bezieht sich auf eine geologische Baueinheit. Diese greift über die geographische Gliederung hinweg. So finden wir in den Westalpen noch ostalpine Deckenteile.

Das zentrale Ostalpin erstreckt sich zwischen der Periadriatischen Naht im Süden und dem nördlichen Alpenvorland. Von der Linie Bodensee – Rheintal im Westen reicht es bis in den Wiener Raum.

Uralte Gesteine

(das Ötztal - Stubai - Altkristallin)

Die Ötztal - Stubai - Masse – als Gesteinsdecke Teil des Ostalpins – umfaßt das Gebiet vom Vinschgau im Süden bis zum Inntal im Norden, vom Engadin im Westen bis zur Brennerlinie im Osten.
»Ötz« ist ein deutscher Flurname. Er bedeutet »Weide« (»Etze«, »äsen«).
Als »Altkristallin« werden jene Gesteine bezeichnet, welche neben der Entstehung der Alpen zwei weitere Gebirgsbildungen im Erdaltertum erlebt haben:
die Kaledonische Metamorphose vor etwa 500 - 400 Millionen Jahren
und die Variszische Umwandlung.
Die Hauptmetamorphose des Ötztal-Stubai-Altkristallins geschah vor 320 bis 280 Millionen Jahren (Variszikum). Im Zentrum der Umwandlung herrschten Temperaturen von 650° Celsius und ein Druck von 4 bis 5 Kilobar.
In den einzelnen Metamophosezonen kristallisierten charakteristische Mineralien: Sillimanit, Cyanit und Andalusit.

Die alpidische Metamorphose vor 95 bis 70 Millionen Jahren verlagerte ihr Zentrum nach Südosten in den Bereich des Schneebergzuges. So lassen sich die uralten Gesteine des Ötztal-Stubai-Altkristallin in drei Bereiche einteilen:
Der Norden ist variszisch metamorph.
Im Süden liegen alpine Mineralverwandlungen mit variszischen Relikten.
Im Mittelstreifen finden sich beide Metamorphosetypen.

Hornblenden im metamorphen Gestein.

Fettwiesen

(Vergleich von Wiesen an verschiedenen Standorten)

Intensive Düngung begünstigt Pflanzen, die Stickstoff lieben oder zumindest gut ertragen. Die regelmäßige Mahd läßt bevorzugt Gräser und Kräuter aufkommen, die rasch wachsen und eine hohe Regenerationsfähigkeit haben.

Ein Vergleich der Wiesen am Parkplatz in Pfelders, am kleinen Lift und vor Lazins zeigt verschiedenste Varianten von Bergfettwiesen.

Die Trollblume.

Von den krautigen Blütenpflanzen an dieser Stelle eine kleine Auswahl:

Weiße Blüten – Wiesenkerbel, Wiesenklee, Wiesenmargerite, Wiesenkümmel, Echte Schafgarbe, Taubenkropf, Haller's Laserkraut, Meisterwurz, Gewöhnliches Hornkraut, Weißzüngel, Alpenkälberkropf und Bergklee ...
Gelbe Kronblätter – Gewöhnlicher Löwenzahn, Scharfer Hahnenfuß, Gewöhnlicher Frauenmantel, Trollblume, Wiesenbocksbart, Rauher Löwenzahn, Blutwurz, Goldrute und Johanniskraut.
Blau, Violett bis Rot – Zaunwicke, Wiesenampfer und Alpenampfer, Türkenbund, Rote Lichtnelke, Alpenaster, Wiesenklee, Große Händelwurz, Waldstorchschnabel, Kohlröschen, Vogelwicke, Geflecktes Knabenkraut und Perückenflockenblume.

Grasarten in den drei Wiesen

beim Parkplatz	*am kleinen Lift*	*vor Lazins*
Knäuelgras	Knäuelgras	Wiesenlieschgras
Wiesenrispengras	Wiesenrispengras	Alpenlieschgras
Wiesenschwingel	Wiesenschwingel	Roter Schwingel
Wiesenlieschgras	Dauerlolch, Raygras	Rotes Straußgras
	Rotes Straußgras	Zittergras, Herzlgras
	Fiederzwenke	Alpenruchgras
		Drahtschmiele

Kalkrasen

(Flora an den Marmorhängen des Schneebergzuges)

Die Bergaster.

Auf den Marmorhängen des Schneebergzuges sind an der Sonnenseite des Pfelderer Tales Kalkrohböden entstanden. Hier beherrschen jene Pflanzen den Boden, die mit dem Überschuß an Calcium leichter fertig werden und auch den Mangel an Elementen wie Eisen besser vertragen. In dem kleinen Trogtal am südöstlichen Fuße der Hohen Wilde hat sich auf einer Höhe von 2.300 - 2.400 m ein artenarmer Polsterseggenrasen gebildet.
An wärmeren Hängen lassen die verschiedenen Varianten des Blaugras-Horstseggenrasens eine vielfältige Blumenwelt entstehen. Bei starker Neigung und einer nur schwachen Bodenbildung dominiert die Stachelspitzige Segge, an schwach geneigten, gut durchfeuchteten Hängen hingegen die Rostsegge.
Am weitesten verbreitet ist der Blaugras-Horstseggenrasen – mit zahlreichen Gräsern und krautigen Blumen (Horstsegge, Blaugras, Violettrispengras und Norischer Schwingel ...).

Gelbblühende Kräuter

Alpensonnenröschen	Blätter ledrig
Wundklee	große Endfieder
Brillenschötchen	Blattrosette
Großblättrig. Fingerkraut	Blüten 2-3 cm
Gemswurz-Greiskraut	Blätter ledrig
Kleine Wiesenraute	Staubf. gelblich

Weißblühende Kräuter

Silberwurz	spalierartig
Bergklee	Blütenkopf aufrecht
Silberdistel	Stengel gestaucht
Edelweiß	weißfilzige Hochblüte

Blau- / violettblühende Kräuter

Glanzskabiose	einköpfig
Alpensüßklee	Blüte purpurn
Alpensteinquendel	violett
Gipskraut	fleischige Blätter
Herzblatt-Kugelblume	niedrig
Bergaster	violette Zungenblüten
Wilde Steinnelke	Kronblätter rosa
Lungenkraut	große Grundblätter
Frühlingsküchenschelle	innen weiß
Alpentragant	Flügel weißlich

Wiesenvögel haben es nicht leicht

(Braunkehlchen)

Das Braunkehlchen.

Auf den Wiesen von Pfelders über Zeppichl nach Lazins läßt sich ein hübscher kleiner Wiesenvogel beobachten, der in den letzten Jahren sehr selten geworden ist: das Braunkehlchen.
Es sitzt gerne auf erhöhten Warten in der Wiese oder an deren Rand, auf herausragenden Doldenblüten, auch auf Pfählen und Zaunlatten. Dort trägt das Männchen sein kratzendes, eilig vorgetragenes und kurzes Lied vor. Die Färbung seines Gefieders ist weitaus intensiver als die des Weibchens.
Die Eingriffe des Menschen in die Natur haben neue Landschaften entstehen lassen. So fanden Wiesenvögel, die ursprünglich in sumpfigen, baumfreien Talflächen oder auf Almböden lebten, nach Rodung von Wald neue Lebensräume vor – es ergaben sich ideale Brutgebiete mit einem reichen Nahrungsangebot.

In den letzten Jahrzehnten haben tiefgreifende Veränderungen oft zu einer Verarmung der Landschaft geführt. Eine Intensivierung der Landwirtschaft, die maschinelle Bewirtschaftung, eine jahreszeitlich frühere Mahd und vor allem der Einsatz von Düngemitteln ließen »blühende Maiwiesen« zu einheitsgrünen »Grasproduktionsflächen« werden. Zahlreiche Schmetterlingsarten sind verschwunden, weil sie keine geeignete Futterpflanze finden, auf der sie ihre Eier ablegen könnten. Chemischer Dünger vertreibt Käfer, Heuschrekken, Grillen, Regenwürmer und was noch an Kleintieren im und am Boden, am Fuß des »Graswaldes«, krabbelt und kriecht.
Zugleich ereignete sich in Afrika eine Tragödie – in der Sahelzone kam es im Laufe mehrerer Jahre zu verheerenden Invasionen von Wanderheuschrecken, die in kürzester Zeit weite Gebiete kahlfraßen. Man versuchte, sie großflächig mit Insektiziden zu bekämpfen. Dabei wurden nicht nur die Wanderheuschrecken vernichtet, sondern auch unzählige der überwinternden Zugvögel. Als Folge kam es in Europa teilweise zum Zusammenbruch des Bestandes einzelner Brutvogelarten, auch jenem des Braunkehlchens.
In Südtirol machte sich zudem die Umstellung in der Landwirtschaft von Viehzucht auf Obstbau bemerkbar – es gibt kaum mehr weite, baumfreie Wiesenflächen in

Wiesengraben und Feldgehölz.

den unteren Tallagen. In diesem Bereich muß das Braunkehlchen bereits als ausgestorben angesehen werden. In den höher gelegenen, kaum intensiv genutzten Gebieten – wie im hintersten Passeiertal und auf der anderen Seite des Eisjöchls, im Pfossen- und Schnalstal – kann es seinen Bestand noch einigermaßen halten.

Auch andere typische Wiesenvögel sind in den letzten Jahrzehnten zurückgedrängt worden – so die Feldlerche, die Wachtel, der Wachtelkönig, das Rebhuhn und die Goldammer …
Als Ursache des Rückgangs ist eine Intensivierung der Landwirtschaft anzusehen – die frühe Mahd und die Verwendung von Mineraldünger, der Einsatz von Maschinen und die Trockenlegung von Feuchtgebieten – es folgt eine Verarmung der Pflanzenvielfalt und des Insektenlebens.

Um den Bestand des Braunkehlchens zu sichern, sollten zumindest Reste geeigneter Biotope erhalten bleiben. Es ist abzuwägen, ob es heute wirtschaftlich wirklich noch sinnvoll ist, extensiv genutzte Randzonen mit allen »erdenklichen« Mitteln in die intensive Produktion einzubeziehen.

Luftbrücke

(das Passeiertal – Verbindung von Nord und Süd)

Zugvögel im Flug.

» Wie das Thal im Mittelalter als Verbindungsweg zwischen Nord und Süd diente und die Ströme deutscher Bevölkerung an die Grenzen von Italien leitete, so geht durch Passeier noch jetzt der Hauptzug der Wandervögel, größtenteils im Frühling, aus dem Süden nach dem Norden … «

So beschreibt im Jahre 1852 der Benediktinerpater Beda Weber überaus treffend den Vogelzug durch das Passeiertal. Und er schreibt weiter:

»Der Flug im Herbst von dem Norden nach dem Süden ist nur ein sehr sparsamer zu nennen, sei es, daß die Vögel überhaupt eine andere Straße ziehen, sei es, daß ihr Vorüberflug plötzlich und zur Nachtzeit geschieht und deshalb weniger bemerkt wird.«

Tatsächlich ist der Frühlingszug weitaus ausgeprägter, vor allem, wenn schlechtes Wetter nördlich der Alpen – mit Nebel und Niederschlag – die Vögel am Weiterflug über den Jaufen und die Bergkämme der Umgebung hindern.

Ebenso entsprechen weitere Beobachtungen den Tatsachen:

» Fast alle Kleinvögel ziehen nachts und werden dabei kaum bemerkt. Auch Enten ziehen nachts, machen aber durch den pfeifenden Flügelschlag auf sich aufmerksam … verkündet sich dem leiseren Schläfer zur Nachtzeit mit einem ganz eigenen Geräusch und Schnalzen, das wie Riemenschwung in der Luft tönt.«

Wenn im Herbst eine länger anhaltende Hochdrucklage besteht – mit herrlichen, wolkenlosen Tagen – umfliegt ein Großteil der nach Süden ziehenden Vögel die hohen Berge westlich oder fliegt so hoch, daß in den Tälern der Zug kaum wahrgenommen wird.

»Den Zug nach Norden eröffnen gewöhnlich Scharen wilder Gänse und Enten. Sie kommen in der Regel vom Nonsberg oder dem Ultental, halten sich oft einige Tage in den Auen und Moosgründen an der Etsch auf und fliegen bei Tage und bei Nacht, aber selten mehr als 8-16 auf einmal. Aber die Abteilungen folgen sich oft schnell, ihr Flug ist geradlinig über den Jaufen hin.«

Vögel, die sich auf dem Zuge befinden, sind deutlich von nicht ziehenden zu un-

terscheiden. Erstere fliegen zügig und geradlinig längs einer unsichtbaren »Straße« dem Jaufenpaß und Etschtal zu – mit Wehmut weiß man um die Bedeutung der ehemaligen Etschauen als Rastplatz zahlreicher Zugvögel.
Besteht gute Thermik, kreisen Greifvögel, Möwen, Reiher und Störche über den südexponierten Hängen, um an Höhe zu gewinnen und ohne großen Energieverlust die Paßhöhe zu erreichen. Bei ungünstigem Wetter kehren sie zurück und wagen am nächsten Tag einen neuen Versuch. Kleinvögel sind nicht auf Thermik angewiesen; sie ziehen vorwiegend nachts, rasten am Tag und nutzen die Tagesstunden zur Nahrungsaufnahme. Sie halten sich in Weiden und in kleinen Auwaldresten am Passerufer auf.

Im Herbst beginnt der Flug nach Süden bei manchen Arten schon Ende Juli, Anfang August, bei anderen zieht er sich bis in den November hinein.

Auch abseits des Haupttales werden zur Zugzeit Vögel in für sie völlig ungewohnten Lebensräumen angetroffen: ein Wiedehopf auf einer Wiese bei Lazins, ein Pirol auf einer Lärche an der Waldgrenze, ein Trauerschnäpper auf einem Alpenrosenbusch oberhalb der Baumgrenze, eine Gruppe Lachmöwen, etwas verwirrt Richtung Eisjöchl fliegend, eine kleine Schar von Rauchschwalben über Pfelders, Wasser- oder Strandläufer an der kleinen sandig-schlammigen Stelle am Ufer des Pfeldererbaches …

Einige auffallende Zugvögel und ihre Zugzeiten:

Mäusebussard	März / Oktober
Ringeltaube	März / Oktober
Feldlerche	März / November
Neuntöter	April / August
Graureiher	April / September
Wiedehopf	April / September
Rauchschwalbe	April / September
Rotkehlchen	April / September
Mönchsgrasmücke	April / September
Zilpzalp	April / Oktober
Mauersegler	Mai / Juli
Rohrsänger	Mai / August
Trauerschnäpper	Mai / August
Wespenbussard	Mai / September
Weißstorch	Mai / September

Der Weißstorch.

Wanderung 8

Ins Pfossental

(im Tal der Lärchen und der Tiere)

Das Pfossental – zwischen Eishof und Mitterkas vom Gletscher U-geformt.
Dahinter das enge V-Tal bis Vorderkas (im Hintergrund).
Dann die Schlucht – mit fast vertikalen Hangfluchten in Biotitplagioklasgneis-Serien bis zur Mündung in das Schnalstal.
Auf der Sonnenseite (rechts) lockere Lärchenweidewälder.

Das Schnalstal – und damit auch das Pfossental,
ist von der Lärche geprägt, jedoch nicht aufgrund ihrer »natürlichen« Vorherrschaft.
Vielmehr hat der Mensch die Lärche seit Jahrhunderten gefördert.

Das Pfossental – das Tal der Tiere. Und darin liegt der Reichtum:

Nistmöglichkeiten für Rotschwänzchen, Schwalbe und Bachstelze.
Wiesen, Wegränder und Bachufer mit »Unkrautvegetation«,
reich an Insekten – als Nahrung für Braunkehlchen, Pieper, Bachstelze,
Rotschwänzchen, Drossel und Turmfalke.
Ein vielfältiges Angebot an Samen und Körnern
für Buchfink, Girlitz, Grünling, Stieglitz, Hänfling, Zitronengirlitz,
Gold- und Zippammer.
Trockenmauern mit Nistplätzen für Kohl-, Tannen-, Weidenmeise,
für Kleiber, Wendehals und Gartenrotschwanz.

Bäche mit einer reichen Kleintierwelt
für Wasseramsel, Bach- und Gebirgsstelze.
Lärchenwälder als Lebensraum für Fichtenkreuzschnabel,
Mistel-, Ring- und Wacholderdrossel,
Bunt- und Schwarzspecht, Baumläufer und Kleiber.
Alpenrosenhänge für Zaunkönig,
Heckenbraunelle, Rotkehlchen und Klappergrasmücke.

An der Waldgrenze Auerhuhn,
Birkhuhn, Tannenhäher und Birkenzeisig.
Auf Almwiesen und grasigen Hängen
Wasserpieper, Steinschmätzer, Alpendohle,
Alpenbraunelle und Schneefink.
An Felsen mit Spalten der Mauerläufer.
Und kreisend über allem – der Steinadler.

Wegverlauf, Besonderheiten

(ins Pfossental)

Wanderer, gönn' dem Auto
die wohlverdiente Rast und schau Dich um:
Vorderkas – ein kleines Königreich.

Auf einer sonnigen Hangverflachung,
in sicherer Entfernung von Graf- und Pfossentalbach,
liegt auf 1.700 Meter Höhe der Hof.
Zum Hof gehört alles, so weit das Auge reicht.

Die Selbstversorgung wurde aufgegeben,
der Kulturgrund den modernen Erfordernissen angepaßt:
Acker (auf den kleinen Trockenmauerterrassen oberhalb des Hofs)
wurde in Wiese umgewandelt, schlechte Wiese in Weide,
schlechte Weide in Wald und ein Teil der Wiese in Parkplatz.
Der lockere Lärchenwald schützt kaum vor Lawinen.
So wird im Bereich der Waldgrenze und dort, wo Wind und Gelände
die Schneewächten bauen, der Wald verjüngt. Es werden Zirben
und Lärchen gepflanzt – zum Schutz
vor Rindern und Verbiß und Verfegen durch Wild werden sie eingezäunt.

Der Eishof (2.070 m) war als ursprünglich höchster Schwaighof
des Schnalstals bis 1897 noch ganzjährig bewohnt.
1973 ist er vollständig abgebrannt und in der heutigen Form
neu errichtet worden. Daneben steht ein Marterl, das vom Lawinentod
eines Mitterkaser Buben im Frühsommer des Jahres 1877 berichtet.
Rableit wurde 1986 vollständig »verlahnt«.
Im 17. Jahrhundert hat im innersten Pfossental die Pest gewütet.

Von Vorderkas den Meraner Höhenweg taleinwärts zum Eishof, weiter bis zur Grubalm (2.500 m, höchster Punkt) und zurück zum Ausgangspunkt.

Empfehlenswert von Frühsommer bis Herbst – Gehzeit 6 Stunden – Höhenunterschied 800 Meter.

Vorderkas -
in seiner Abgelegenheit ein unabhängiges Königreich –
zumindest in früheren Zeiten.

Grundeigentum

Alles ist Eigentum – jeder Quadratmeter Land gehört entweder einer natürlichen oder einer juridischen Person (z. B. einem Bauern oder einer Gemeinde).
Als Grundparzellen bezeichnet man homogene Grundstücke eines Eigentümers. Die Parzellen und deren Grenze werden im Gelände mit Grenzsteinen markiert; aus deren Verbindungslinie ergeben sich Form und Fläche der Grundparzelle. Sie werden ins »Katastermappenblatt« eingetragen.
Die Grundparzellen sind numeriert (z. B. G.p. 61/1) und wurden erstmals vor etwa 150 Jahren vom Österreich-Ungarischen Grundbuch und Kataster pro damaliger Gemeinde (»Katastralgemeinde«) erfaßt: Die Flächengröße, die Kulturgattung und der Ertragswert dienten zur Bemessung der Ertragssteuer des jeweiligen Grundeigentümers. Viele damalige Gemeinden wurden mittlerweile zu größeren zusammengefaßt, auch die heutige Gemeinde Schnals. Sie umfaßt die drei Katastralgemeinden Katharinaberg, Unserfrau und Karthaus.
Änderungen des Eigentums und der Flächen wurden im Grundbuch laufend eingetragen und die Ertragswerte im Kataster periodisch fortgeschrieben; nur die Kulturgattungen sind großteils auf dem ursprünglichen Stand geblieben. Damit erlauben sie einen guten Einblick in die alte Bodennutzung.

Überwintern

Dem Vorderkaser gehören alle Gebäude, Wiesen, Wälder und Berghänge ringsum: 81,7 ha Wald, 244 ha Alpflächen, 12,9 ha Weideflächen, 6,1 ha Wiesen, 1 ha unproduktive Flächen, 0,2 ha Bauparzellen (Gebäude) und 2,5 ha Äcker laut Kataster.
In dieser Höhenlage – mit drei Monaten Sommer und langem Winter – ist eine solche Fläche von fast 350 Hektar (3,5 km^2) nicht übertrieben groß.
Um hier oben den neun Monate langen Winter überleben zu können, mußten die Hofbewohner früher in der »guten« Jahreszeit große Vorräte an Lebensmitteln, Futter und an Brennmaterialien anlegen und vor Verderben schützen.
In den Vorräten ist die Energie der Sommersonne gespeichert.

Die Entwicklung von Vorderkas spiegelt die Zeit:
Während Grund und Boden einst dienten, den Lebensunterhalt zu bestreiten,
sollen sie heute das verstädterte Auge erfreuen.
Land- und Forstwirtschaft sind rückläufig, der Dienstleistungsbereich expandiert.

Neuerungen

Im Jahr 1951 kam in Vorderkas der erste Motor des Pfossentales zum Einsatz.
In den folgenden Jahren wurde mehr und mehr Ackerfläche in Grünland umgewandelt und bald schon kein Getreide mehr gedroschen.
1960 wurde die Zufahrtsstraße gebaut.
Ab 1963 wurde die Bewässerung von Waal auf Beregnung umgestellt.
Ab 1970 wurden die Wiesen planiert und mit Fahrwegen erschlossen.
1984 wurde das eigene Wasserkraftwerk gebaut.
Heute ist die Arbeit in der Landwirtschaft weitgehend mechanisiert: es gibt Traktor, Transporter, Mähmaschine, Heuwender, Miststreuer, Güllepumpe, Seilwinde und Melkmaschine.
Diesem Maschinenpark stehen als Arbeitskräfte das Eigentümerehepaar, die Mutter und eine Hilfskraft gegenüber; sie arbeiten zudem noch im eigenen Gasthaus mit.
Heute bringt der Tourismus bereits über 2/3 des Einkommens am Hof, die Landwirtschaft wird zur Nebensache und die Forstwirtschaft bedeutungslos.
Die Landwirtschaft ist auf die Milchproduktion spezialisiert: Der »Heuschnitt« im Juli und das »Grummet« im September wird an die Schwarzbunten verfüttert; die Milch wird täglich bis zur Schnalserstraße und von dort in die Sennerei nach Meran bzw. Bozen gebracht.

Altbewährtes

Das weiche Zirbenholz eignet sich bestens zum Schnitzen; wegen des Duftes fertigt man daraus Möbel, vor allem Truhen und Kästen, da der Harzgeruch schädliche Insekten fernhält.
In vergangenen Zeiten hat man die Zirbenzapfen (»Petschlen«) gesammelt und die Samen wie Nüsse gegessen.
Um das Lärchenharz (»Lörgat«) zu sammeln, brauchte man mindestens 80 Jahre alte Bäume. Im Frühjahr wurde an deren Stamm (etwa 30 cm über dem Boden) mit einem Hohlbohrer (80 cm lang, 26 mm stark) in einem Winkel von 15-20 Grad nach oben über die Stammitte hinaus ein Loch getrieben und mit einem Holzpfropfen zugestöpselt. Im Verlauf von 5 Jahren entfernte man, jeweils im Juni und September, den »Korken« und holte mit einem eigenen Werkzeug das gesammelte Harz heraus. Das Harz diente medizinischen Zwecken, als Mittel zur Imprägnierung und zum Schmieren.
Je Lärche konnten in 25-30 Jahren bis zu 3 kg Harz gewonnen werden.
Lärchenholz ist wegen seines hohen Harzgehaltes sehr dauerhaft; es wird deshalb als Bau- und Konstruktionsholz (für Zäune, Brücken, Rohre) und zur Herstellung von Schindeln verwendet.

Gefahren gibt es im Gebirge genug.
Mit Steinschlag, Muren, Lawinen, Hochwasser ist stets zu rechnen – ein gesunder Wald schützt.

Gewalt der Natur

Der Vorderkaser erzählt:

»Um die Mitte des vorigen Jahrhunderts stand dort, wo heute der Bauerngarten liegt, noch ein Haus; dieses wurde aber damals von einer Lawine begraben.
Am 1. Februar 1986 klopfte der weiße Tod das letzte Mal in Vorderkas. In einer einzigen Nacht fiel über ein Meter Neuschnee. Diese Massen gerieten in den frühen Morgenstunden oberhalb der Waldgrenze in Bewegung und durchbrachen den Wald, ohne einen Baum mitzureißen und drangen bis zu den Häusern vor.
Einmal ging ich als Kind in den Wald, um nach den Kälbern zu schauen; plötzlich hörte ich ein seltsam pfeifendes Geräusch; als ich aufschaute, sah ich einen ballgroßen Stein, der mir in geringer Entfernung um die Ohren flog.
Ein Felsbrocken ist schuld, daß unsere Badewanne seit nun bereits 20 Jahren eine Delle hat. Es löste sich irgendwo am Hang ein Stein, kam immer mehr in Fahrt, sauste geradewegs aufs Haus zu und landete mitsamt dem Fenster in der Wanne.

Vermurt wurde Vorderkas das letzte Mal im August 1987. Der Pfossentalbach spülte einen Teil meiner Wiesen fort und verlegte die Zufahrtsstraße für zehn Tage.«

Aufgabe des Waldes

Der Wald wird als ein Bollwerk aus Bäumen gegen Lawinen, Vermurungen und Steinschlag angesehen – doch in dieser Funktion zum Teil überschätzt. Wie sollte ein Wald eine rasende Lawine aufhalten, die mit 200 km/h (Staublawine, »Windlahn«) zu Tal fegt oder mit 100 km/h und einem Druck von 100 t/m² (Naßschneelawine) die Hänge hinunterwalzt?
Weitaus wichtiger ist eine indirekte, vorbeugende Schutzwirkung der Bäume: Sie befestigen mit ihren Wurzeln den Boden, entnehmen ihm Wasser und verdunsten es; damit kann der Boden erneut Regen und Schmelzwasser aufnehmen und speichern.
Ein gemischter und geschlossener Wald rauht die Geländeoberfläche zudem stark auf und gliedert sie – so kann sich auch keine großflächige, einheitlich geschichtete Schneedecke bilden, die leicht entlang einer Gleitschicht als Lawine losbrechen könnte.
Oberhalb von Vorderkas kann der Wald heute seine Aufgabe nicht mehr ausreichend erfüllen – denn er ist gleichförmig alt (etwa 130 Jahre) und besteht nur aus Lärchen. Deshalb wurde 1992 zum Schutz des Hofs als kurzfristige Symptombekämpfung ein Damm errichtet (gegen Steinschlag und Lawinen). Im Jahr 1993 wurden als langfristige Lösung oben im Wald Maßnahmen zu dessen Verjüngung (Aufforstung, Zäune) getroffen.

Die Samengröße und die Fähigkeit, Schatten zu ertragen, helfen der Zirbe, sich nach und nach im Lärchenwald durchzusetzen – doch nur mit Hilfe eines Vogels.

Zirbenwald

Lärche und Zirbe streiten um denselben Lebensraum.
Beide widerstehen dem Frost und bilden die obersten Waldgrenzbestände in den kontinentalen Zentralalpentälern.
Sie unterscheiden sich jedoch wesentlich in ihren ersten Lebenstagen: Im Frühjahr quellen die Samen und bilden zuallererst eine Wurzel, um die Keimlinge so schnell wie möglich im Boden zu verankern und Wasser aufzunehmen.
Die Zirbensamen sind ca. 40 mal schwerer als Lärchensamen und haben somit mehr Reservestoffe und eine größere Keimwurzel. Daher können Zirbenkeimlinge auch dicke Rohhumuspolster und Grasnarben durchdringen, ohne unterwegs zu »verhungern«, während die Lärchen nur auf Rohböden erfolgreich keimen.
So ergibt sich ein natürlicher Baumartenwechsel: Auf den anfangs reinen Lärchenwald folgt nach Jahrzehnten ein Lärchen-Zirben-Übergangswald, dann ein reiner Zirbenwald. Wird er durch Brand (Blitz), Muren oder Lawinen zerstört, beginnt der Kreislauf von vorne.
Neben Lawinenstrichen wird nur die wintergrüne Zirbe vom Luftdruck der Lawinen erfaßt, die Lärche bleibt unbehelligt. Auch auf oftmals vermurten Flächen bilden sich natürliche Lärchendauerwälder.

Lärchenwald

Die Lärche als ausgeprägte »Lichtbaumart« braucht für ihr Gedeihen möglichst viel direktes Sonnenlicht. Die Bäume halten deshalb einen relativ großen Abstand zueinander. Daher ist es auf dem Boden zwischen und unter den Lärchen so hell, daß sich dort eine durchgehende Grasnarbe bilden kann. Solche lockeren Lärchenwälder können auf zweifache Weise genutzt werden: als Weidefläche und als Holzlieferant. Allerdings bieten diese beweideten Lärchenwälder keinen großen Schutz vor Lawinen.
Die »Schattbaumarten« Zirbe und Fichte kommen mit weniger direktem Sonnenlicht aus und bilden dichte Bestände; unter diesen wächst kein Gras. Man hat daher, vor allem in früheren Zeiten, in den sonnseitigen Waldungen die Schattbaumarten beseitigt.
Die Lärche als »Pfahlwurzler« stellt im Gegensatz zum »Flachwurzler« Fichte auch keine Konkurrenz zur oberflächennahen Bewurzelung der Gräser dar. Durch die lockere Überschirmung wird zudem das Gras vor Austrocknung geschützt.
Überläßt der Mensch den Lärchenweidewald sich selbst, wird dieser von der Zirbe unterwandert – mit Hilfe des Tannenhähers. Der Zirmgratsch sammelt im Herbst Zirbensamen und versteckt sie im Humus. Bleibt eine solche Vorratskammer unangetastet, kommen im Frühjahr Zirben auf.

Kleine geologische Reise

(Gesteine und Böden des Pfossentals)

Zwischen Vorder- und Mitterkas kreuzen mehrere enge, von Geröllbrei überdeckte, dunkle Amphibolitadern den Weg. Südlich von Mitterkas zieht aus der Zwölferspitze (2.609 m) ein breites, steilgestelltes Band aus Granat-Muskowit-Glimmerschiefer gegen Nordwesten.

Die weichen Talformen – zwischen Mitterkas und Eishof (Schiefergneis, Muskowitgranitgneis) – beherrschen helle Gneise, welche an tektonisch beanspruchten Zonen (so am Schnalserkamm) von Myloniten kurz unterbrochen werden. Die Mylonite (aus dem Griechischen: »durch die Mühle«) sind Gesteine, welche unter hohem Druck pulverisiert und zerschert wurden – die extrem feinkörnigen und dichten Aggregate lassen eine Regelung der Minerale erkennen.
Kurz vor dem Eishof markiert linksseitig ein mächtiger Schuttkegel die Grenze – zwischen den Gneisen und den von Osten anrückenden Glimmerschiefern.
Einige Amphibolitbänder »vernähen« die Grenzlinie.
In den feinen Glimmerblättchen der feinsandigen Schwemmebene im Umkreis des Eishofes spiegelt sich das Licht. Im Rükken des großen Schwemmfächers konnte sich der Pfossentalbach ruhig ausbreiten und sein »Katzengold« ablagern.
Nur hier muß in Schnals der Boden nicht gekalkt werden, denn Marmor aus der Hohen Weiße (3.278 m) und vom Schrottner (3.023 m) hebt den pH-Wert.
Rohhumusböden – vor allem an Schattenhängen – Moderböden, vorzugsweise an Sonnenhängen, und Rasenböden (bei Beweidung und Mahdnutzung) zügeln auf 2.000 Meter Meereshöhe die Entwicklung der Biomasse.
Nährstoffarm und vorwiegend sauer sind die Gebirgsbraunerden. Wegen der extremen klimatischen Verhältnisse aufgrund der Höhenlage ist die Entwicklung des Bodens stark eingeschränkt.

Glimmerschiefer verwittern zwar leicht zu rotbräunlichen Aggregaten und sind gute Bodenbildner, doch tiefe Temperaturen und Trockenheit verhindern ihre rasche chemische Zerlegung. Auch wird manch dünne, in Jahrzehnten gebildete Bodendecke von Erdrutschen oder Murabgängen wieder zerstört.
Organismenreste – umgewandelt zu Graphit – brachten die Schwärze in die Graphitschiefer. Geordneter Graphit wird in metamorphen Gesteinen in der Regel bei 300 bis 500° Celsius und bei 2 bis 6 Kilobar Druck gebildet – unter Bedingungen, welche man als Amphibolitfazies bezeichnet.

In Zeiten, als man in Schnals noch keinen Zement kannte, brach man den kristallinen Kalk des Schrottners sowie der Kleinen und Hohen Weißen und brachte das Gestein im Winter mit Schlitten zu den Brennöfen beim Eishof und in die Nähe der Rableiter Gampen.

150 Meter unter der verfallenen Grubalm (2.506 m) haben Archäologen 18 Objekte aus Feuerstein geborgen – aus einer Zeit von 6.000 bis 4.500 v. Chr.

Aus tonigen Sedimenten (Pelit) sind Granatglimmerschiefer entstanden, sie sind der Prototyp der »Kristallinen Schiefer«. Werden sie angeschlagen, zerfallen sie in millimeter- bis zentimeterdicke Platten – entlang der Paralleltextur. Feinste Knitterfalten und auch Warzen durchziehen die Schieferung .
An frischeren Bruchflächen strahlen die eingeregelten Muskowitkristalle in silbernem Glanz. Das Gestaltungsprinzip dieser Schichtsilikat-Minerale läßt sich als »Ausbreitung in die Fläche« charakterisieren.

Vollkommene Spaltbarkeit und elastische Biegsamkeit sind die weiteren Eigenschaften dieser Minerale. Infolge ihrer Nachgiebigkeit gegenüber tektonischen Bewegungen läßt sich an ihnen die Gleitrichtung der Gesteine verfolgen. Wegen ihrer Beständigkeit findet man diese Glimmerplättchen noch in Böden, in denen die Verwitterung die anderen Mineralien bereits weitgehend zerstört hat. Quarz (chemisch: SiO_2) ist zweiter Hauptbestandteil der Glimmerschiefer. In den Schichtfugen dieser Schiefer sammelt er sich in sogenannten Knauern und Lagen.
Im Quarz ist die Lebendigkeit des Sauerstoffgases gleichsam zur Ruhe gekommen.

Das kohlenstoffartige Silizium ist bei der Mineral- und Gesteinsbildung ganz auf die Hilfe des Sauerstoffs angewiesen.
In der Dichte und Härte des Bergkristalls (Härte 7 nach Moh) kann sich die finstere Erde wieder aufs neue dem Licht der Sonne öffnen.

Glimmerschiefer.

Bürstlingsrasen

(Wiesen im offenen Lärchenwald des Pfossentals)

Lawinenabgänge – doch vermutlich auch Eingriffe des Menschen, der die Weideflächen vergrößern wollte, haben den Lärchenwald zurückgedrängt. An den Hängen rutscht stets Erde nach – der Boden reift und versauert somit weniger schnell. Hier herrscht der Bürstling vor. Das Gras stellt bescheidene Ansprüche an den Boden und ist resistent gegen Viehtritt und Verbiß. Es bildet dichte Horste. Die toten Blätter sind schwer zersetzbar. Sie lassen um den Horst eine dichte Streudecke entstehen, der nur wenige Arten gewachsen sind. Die Bürstlinghorste lassen Lücken offen, in die Vertreter aus den Horstseggenrasen, aus dem Lärchenwald und aus den Zwergstrauchheiden einwandern. Die eher unscheinbaren Gräser ergeben eine nährstoffreiche Weide.

Die Silberdistel.

Süßgräser

Bürstling, Horstrotschwingel, Rotschwingel, Drahtschmiele, Furchenschwingel, Horstschmiele

Riedgräser

Immergrüne Segge, Großhainsimse, Vielblättrige Hainsimse, Gewöhnliche Hainsimse, Dreiblattsimse

Kräuter, nach Blütenfarbe geordnet

rot / violett / blau	*gelb*	*weiß / grün*
Alpensteinquendel	Großblütiges Fingerkraut	Schneeweißer Wiesenklee
Ziestblättrige Rapunzel	Blutwurz	Alpenlabkraut
Gamander Ehrenpreis	Zweifarben-Sonnenröschen	Steifes Ackerhornkraut
Gewöhnlicher Thymian	Brillenschötchen	Aufgeblasenes Leimkraut
Türkenbund, Alpenaster	Braunklee, Scharfer Hahnenfuß	Echte Schafgarbe
Glänzende Skabiose	Schwefelanemone	Silberdistel, Wetterdistel
Stinkende Wiesenraute	Wiesenlöwenzahn	Fächerfrauenmantel
Akeleiblättrige Wiesenraute	Arnika, Wohlverleih	Hohlzunge (Orchidee)
Breitblattbaldrian	Kleines Habichtskraut	Mittelwegerich
Kohlröschen	Zypressenwolfsmilch	Schlangenwegerich

Mähwiesen

(Straußgras - Rotschwingelrasen in Rableit)

Die Teufelskralle.

Wiese mit Rotstraußgras.

Mähwiese in Rableit: Straußgras - Rotschwingelrasen

Das Heu dient der Fütterung im Herbst und im Frühjahr.
Nach Auskunft des Besitzers wird die Bergwiese nur mit Stallmist gedüngt. Die Zeigerarten für hohen Stickstoffgehalt kommen hier tatsächlich nur sporadisch vor.

Art	*Stickstoff (=N)*	*Deckwert*
Horstrotschwingel	indifferent	sehr hoch
Rotstraußgras	öfter auf N-armen Böden	hoch
Wiesenklee	indifferent	hoch
Wiesenmargerite	öfter auf N-armen Böden	öfters vorkommend
Wiesenschafgarbe	mäßig N anzeigend	öfters vorkommend
Ziestblättrige Teufelskralle	auf sehr N-armen Böden	öfters vorkommend
Bergsauerampfer	öfter auf N-reichen Böden	gelegentlich
Wiesenbocksbart	öfter auf N-reichen Böden	gelegentlich
Alpenampfer	auf N-überreichen Böden	gelegentlich
Meisterwurz	öfter auf N-reichen Böden	gelegentlich

Anpassung ans Hochgebirge (3)

(aushalten im Hochgebirgswinter)

Als Standvögel bezeichnet man jene Vogelarten, die das ganze Jahr über in ihrem Revier bleiben, mögen die Bedingungen noch so lebensfeindlich erscheinen (Kälte, Nahrungsmangel ...).
Vom Alpenschneehuhn ist bereits gesprochen worden (in Wanderung 6), ebenso vom Birkhuhn (in Wanderung 5).
Auch andere Vögel verlassen ihr sommerliches Hochgebirgsrevier selbst im Winter nicht – so der Steinadler.

Der Steinadler.

Die Häufigkeit des Adlers als Wappenvogel, Bezeichnungen wie »König der Lüfte«, »Lämmergeier«, »Königlicher Adler« (italienisch: aquila reale) zeigen, welche Ausstrahlung der Vogel hat.
Wer ihn kreisen sieht, stundenlang ohne einen einzigen Flügelschlag, mit mächtigen Schwingen und weitgefächerten Flügelspitzen, trotz seiner Größe und seines Gewichtes elegant und majestätisch, wird dies bestätigen.
Allerdings weist der Name »Lämmergeier« darauf hin, daß er sich nicht nur von Murmeltieren oder Schneehühnern, von jungen Gemsen und Rehen ernährt, sondern – mitunter auch Lämmer schlägt.
Im Winter ernährt er sich vorwiegend von Fallwild, das durch Lawinen ums Leben gekommen ist – von geschwächten Gemsen, Schneehasen, Füchsen.
Die Alpendohle brütet nicht nur in Felsspalten im Gebirge, sie verbringt auch die Nächte dort, im Sommer wie im Winter. Der große, schwarze Vogel mit dem gelben Schnabel, den roten Füßen und dem spielerischen Flug hat sich bereits an die Anwesenheit des Menschen im Gebirge gewöhnt. Nur wenn im Winter, nach kräftigen Schneefällen, kaum mehr Nahrung zu finden ist, fliegt er in die Täler hinab, um nach Insekten, Würmern oder Abfällen zu suchen.
Auch der Mauerläufer und der Schneefink verbleiben nach Möglichkeit den ganzen Winter über in ihrem Lebensraum in 2.000 Meter Höhe. Erst gegen Ende des Winters sind sie oftmals gezwungen, tiefere Lagen aufzusuchen.

Gamswild

(um 1850 fast ausgestorben, doch rechtzeitig geschützt)

Beda Weber schreibt 1852 über den Bestand der Gemse im Passeiertal:
»*Gemsen stehen noch am Ifinger, Hirzer und auf den höchsten Bergen gegen Schnals und Ötztal. Am Anfang dieses Jahrhunderts fand man sie noch in Rudeln zu 6 bis 10 beisammen, selbst auf solchen Berghöhen, wo sie jetzt nicht mehr vorkommen.*«
Die Gemse scheint bereits vor 150 Jahren im Gebiet zwischen Sarntaler Alpen und Schnalstal recht spärlich gewesen zu sein. Im Jahre 1971 wurde von seiten der Jägerschaft dieses Gebiets der »Gamshegering Texelgruppe« gegründet – »mit dem vorrangigen Ziel, die dort lebenden Gamswildbestände zu vermehren.« Es beteiligten sich die Reviere Partschins, Naturns, Schnals, Moos i. P., Riffian und Tirol. Im Jahre 1972 wurde erstmals eine genaue Zählung des Bestandes durchgeführt:
33 Böcke, 76 Geißen, 29 Jährlinge, 46 Kitze, insgesamt 184 Tiere.
Die Zählungen der folgenden Jahre zeigen, wie erfolgreich sich das Projekt auf den Gamsbestand ausgewirkt hat:
1972: 184 Tiere, 1973: 222 Tiere, 1975: 282 Tiere, 1979: 1772 Tiere.
Nachdem sich die Zahl der Gemsen auf das Zehnfache erhöht hatte, war eine weitere Vermehrung nicht mehr erstrebenswert. Im Jahr 1993 wurde der »Gamshegering Texelgruppe« aufgelöst.
Das Beispiel zeigt, wie wertvoll sich in manchen Bereichen Hegemaßnahmen auswirken können. Leider ist dies nicht immer so einfach. Klimatische Einflüsse, natürliche Feinde und Krankheiten lassen sich nicht verhindern.

Die Gemse.

Die Gemse (Rupicapra rupicapra) lebt im Sommer auf steilen, grasigen Hängen und im felsigen Gelände oberhalb der Baumgrenze (bis 3.000 m), im Winter in Bergwäldern. Die Geißen, Kitze und Jährlinge halten sich gesellig in Rudeln auf, die Bökke abseits, allein oder in kleinen Gruppen. Nur zur Brunftzeit im Herbst schließen sie sich den Geißen an.
Gemsen sind wetterharte Felskletterer. Sie bewegen sich mühelos im steilen Fels und treten sogar nach weiten Sprüngen sicher auf. Die Gemsen behalten die Hörner das ganze Leben über. Die Kitze werden Ende Mai / Anfang Juni geboren, sie folgen der Mutter schon ein bis zwei Stunden nach der Geburt.

Steinwild

(das Pfossental – ein neue Heimat für das Steinwild)

Der Steinbock.

Das Steinwild war einst weit verbreitet im Hochgebirge. Mitte des 18. Jhs. gab es nur mehr in den italienisch-französischen Alpen einige Exemplare. Daß es heute erneut in der Schweiz, in Österreich und in Italien heimisch ist, verdanken wir – so eigenartig dies auch klingen mag – nicht nur einem Forstinspektor und dem König von Piemont, sondern auch den Wilderern und Schmugglern.

Bereits im 16. Jh. hatte sich der Bestand im gesamten Alpenbereich merklich verringert, vor allem, weil einigen Körperteilen des Steinwildes der Ruf großer Heilkraft anhaftete. Es konnte nicht mehr verhindert werden, daß es aus den Bergen Südtirols verschwand.

In Österreich starb der Steinbock zu Beginn des 18. Jhs. aus, in der Schweiz wurde er Anfang des 19. Jhs. ausgerottet und wenig später auch in Frankreich. Nur im Gebiet des Gran Paradiso in den italienisch-französischen Alpen war zu Anfang dieses Jahrhunderts zumindest ein kleiner Restbestand vorhanden.

Dies war darauf zurückzuführen, daß bereits 1821 ein Forstinspektor vom Königreich Piemont ein vorbildliches Schutzdekret erwirkte.

1856 wurde von Viktor Emanuel II. ein Jagdreservat geschaffen. Die Bestimmungen waren streng, die Ausfuhr des Steinwildes – sogar zu Wiedereinbürgerungsversuchen – war verboten. Nur mit Hilfe einiger Wilddiebe war es möglich, einige Tiere in die Schweiz zu entführen. Dort fühlte sich das Steinwild sehr wohl. Es gedieh so hervorragend, daß man auch in den Nachbarländern an eine Wiedereinbürgerung dachte.

In Südtirol war dies nicht mehr nötig. Im Herbst 1969 wurden im Pfossental drei Steingeißen gesichtet. Sie waren aus dem Schweizer Nationalpark eingewandert.

Acht Jahre später (1977) entschloß man sich zur Einfuhr von einigen Böcken aus der Schweiz, um Nachwuchs zu erhalten. 1984 war der Bestand bereits auf 25 Tiere angewachsen, 1990 wurden 65 Tiere gezählt und 1994 bereits 162 Tiere.

Es gibt noch weitere Gebiete in Südtirol, in denen Steinwild angesiedelt wurde bzw. aus einer Nachbarkolonie eingewandert ist: das Weißkugelgebiet, das Schlinigtal, Pflersch, Pfunders und Prags, das Reintal.

Bei der Zählung im Jahr 1994 konnten in Südtirol ca. 500 Tiere notiert werden. Das gesamte heute im Alpenraum lebende Steinwild stammt somit aus dem ehemaligen Restbestand im Gran Paradiso. Nunmehr ist mit einer natürlichen Ausbreitung zu rechnen.

Das Steinwild lebt vor allem in Höhen zwischen 2.500 und 3.000 m, im Winter etwas tiefer, von der Waldgrenze aufwärts. Steile, felsige Hänge, stille, von jeglichem Tourismus abgelegene Täler und Gipfel sind das Revier des Steinwildes. Es bewegt sich mit fast unglaublicher Geschicklichkeit in steilstem Gelände, an Felswänden auf winzigen Vorsprüngen oder auf glatten Steinplatten.
Die meiste Zeit des Jahres halten sich die Geißen und die Böcke getrennt voneinander auf, die Geißen mit ihren Kitzen vorwiegend an entlegenen und unberührten Hängen und Berggipfeln. Die jungen Bökke (2-3jährige) wandern in Gruppen oft weit umher – auf der Suche nach neuen Revieren. Ältere Böcke sind Einzelgänger. Nur zur Brunftzeit, im Dezember und Jänner, halten sie sich bei den Geißen auf. Ihre Hauptaktivität liegt in den Morgen- und Abendstunden. Untertags ruhen sie, liegen im Gras, wiederkäuend – und werden kaum bemerkt. Es erfordert Geduld und einiges Glück, um das Steinwild zu Gesicht zu bekommen.
Im Pfossental gehört vor allem der orographisch rechte Hang zum Revier des Steinwildes.
In den Frühlingsmonaten ist die Nahrung auf den Höhen meist so knapp geworden, daß die Rudel talwärts wandern. Gruppen von Geißen mit ihren Kitzen halten sich dann gern im unteren Bereich der Hänge um die Mitterkaser auf. Während der Sommermonate gehören die Hänge oberhalb der Grubalm bis hin zum Eisjöchl zu den beliebtesten Aufenthaltsplätzen.

Steinböcke.

Wanderung 9

Durch das Seebertal

(Almen, Fels und Eis im Schneebergzug)

Seit jeher sorgen die Hirten – heute mehr und mehr die Zäune – dafür, daß die Flächen gleichmäßig beweidet werden. Ansonsten wird die Grasnarbe zerstört, oder »Weideunkräuter« (vom Vieh verschmähte Pflanzen) breiten sich aus. Die gute Weide besteht zu 25% aus Kleearten, zu 25% aus Kräutern und zu 50% aus Gräsern.

Aufgrund alter Bräuche und Rechte
wird das Zucht- und Nutzvieh
in den Sommermonaten auf die Almen getrieben.

Aus den Jahren 1288 und 1369 werden
im Bereich der heutigen Seeberalm drei Schwaighöfe genannt:
»drei höfe ze Sewe geltend 900 chese«.
Im Jahr 1634 sprechen die Urkunden nur mehr von der »Albm zu Seeb«.

Im Jahr 1852 schreibt Beda Weber
von den »schönsten und reichsten Alpen von Passeier in Seba«:

»Nicht bloß von Passeier, sondern auch vom Lande an der Etsch kommt
viel Vieh in diese Alpen. Auf denselben findet sich auch die bekannte
Viehkrankheit, Rausch genannt …
Sie rührt vom Bisse einer giftigen Schlange her, die einer Blindschleiche
ähnlich sieht, anderthalb Schuh lang, rothbraun, fingerdick,
mit einem stumpfen Schweife. Sie ist schnell, wohnt im Gerölle,
und setzt über junge Zwergholzbüsche leichtfüßig hinweg.
Sie beißt jedoch nur, wenn sie in Zorn versetzt wird,
und das zur Nachtzeit liegende Vieh,
das sie reizt durch Druck oder Stoß … «
Dennoch – ohne Angst beginnen wir die Wanderung
taleinwärts zur nahen Seeberalm.

Unterhalb der Seeberalm veränderte
in den letzten 8.000 Jahren das Wasser die Form
des Tals – zur V-Form eines Kerbtals.
Doch eiszeitliche Spuren verblieben genug:
gleichmäßig geformte Felsbuckel (Rundhöcker),
geschliffenes, flachgeriebenes Gestein.

Wegverlauf, Besonderheiten

(durch das Seebertal)

Alte Flurnamen bezeichnen meist treffend,
wofür sich ein Gelände eignete
(»Ochsenboden«, »Schafberg« oder »Roßberg«).

Die moderne Sichtweise bevorzugt genaue Angaben:

Für Kühe eignet sich flacheres Gelände (bis 40% Neigung).
Pferde beweiden Hänge bis etwa 60%, Kälber bis 70%.
Schafe und Ziegen freuen sich
noch an den höchsten, entlegensten und steilsten Gebieten
mit einer Neigung von 80% und darüber.

Die Bewirtschaftung der Almen hat sich gewandelt.
Arbeitskräfte sind teuer geworden – und meist bringt es mehr,
nicht mehr nur das Vieh zu betreuen,
sondern auch die zweibeinigen »Sommerfrischler«.

Dennoch hat die Almwirtschaft noch Bedeutung
für die landwirtschaftliche Produktion:

Der Bauer kann die Futterbasis seines Betriebes erweitern,
bis zu einem Drittel mehr Vieh halten – somit seine Existenzgrundlage
besser sichern.
Während das Vieh die Monate auf der Alm verbringt,
bleibt ihm Zeit für einen Zu- und Nebenerwerb.
Die »Alpung« trägt zu einer erheblichen Senkung der Aufzuchtkosten bei.
Und vor allem – auf der Alm lassen sich Produkte
von besonderer Qualität erzeugen, Milch, Butter und Käse.

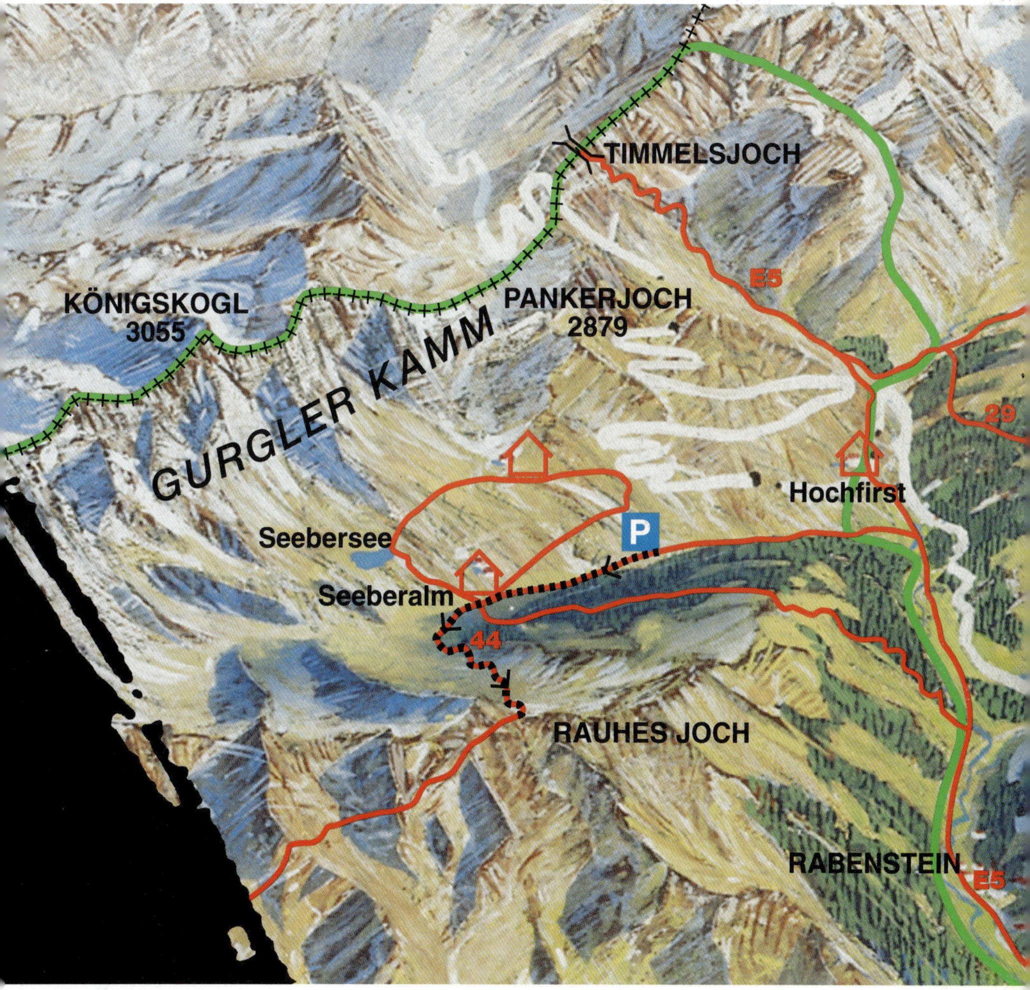

Vom Parkplatz zur Seeberalm an der Timmelsjochstraße
(hierher mit dem Auto von Moos ¾ h)
südwestlich leicht abwärts zur Seeberalm, bergwärts zum Rauhjoch (2.804 m, höchster Punkt)
und zurück zum Ausgangspunkt.
Nur möglich im Sommer – Gesamtgehzeit 8 Stunden – Höhenunterschied 1.000 Meter.

Verwitterung, Erosion, Gletscher

(Wasser und Eis formten das Seebertal)

Das Gebiet um den Seebersee.

Verschwundene Täler

Im Teritär (vor 70 bis 2 Millionen Jahren) war das Klima wechselfeucht und subtropisch. Dies begünstigte eine tiefgründige chemische Verwitterung nahezu aller Gesteinsarten.
Daher entstand ein sanftes Rumpfgebirge mit Flachmuldentälern, aus dem einzelne Inselberge aus Ortho- und Paragneis sowie Amphibolit als Härtlinge herausragten.
Gegen Ende des Tertiärs setzte in verstärktem Maße eine linienhafte Tiefenerosion ein. Sie folgte den Schwächezonen (z. B. dem Kontaktbereich zweier Gesteinsmassen). Die Verebnungsflächen beteiligten sich als Firnfeldniveaus und Speicherfluren beim späteren Aufbau der Gletscherströme. Die Täler wurden ausgeschürft – es entstand nach und nach das heutige Talnetz. Reste der tertiären Talsohlen liegen im Hinterpasseier (um 2.100 bis 2.500 Meter) am Timmelsjoch, an der Timmelsalm und im Bereich der ehemaligen Essener Hütte (2.405 m, auf dem »Miesbichl«, westlich über dem Seebersee).

Petrologie des Bachbettes

Gesteine und Mineralien des Tales lagern im Bett des Seeberbaches, zerkleinert und kantengerundet.
Die silbrig glänzenden, extrem geschieferten Umwandlungsgesteine weisen sich als Granatglimmerschiefer der Schneeberger Hauptmulde aus. Der Name Schiefer (althochdeutsch) bezeichnet Gesteine, die in ebene Platten brechen.

Den Bereich um den Seebersee beherrschten
noch bis vor kurzem die Gletscher.
Derzeit ziehen sie sich jedoch in frostigere Regionen zurück.

Der Seebersee – 3 m tief, 120 m lang, 70 m breit – ruht im Schatten eines mächtigen Rundhöckers.
An seine Verlandungszone im Südwesten bauen sich im Anschluß die Eis- und Felswände des Talendes auf. Mehrere Hanggletscher strecken ihre von Gletscherspalten zerrissenen Zungen bis nahezu 2.500 Meter Höhe herab.
Gletscher waren und sind die großen Bildhauer des Tales. Das über den Felsuntergrund gleitende, mit Grundmoränen vermengte Eis hobelt die Felsen und bricht Gestein aus dem Untergrund und aus den seitlichen Talwänden. Von den eisfreien Flanken fällt Verwitterungsschutt auf den Gletscher, wird bis an die Stirnfront mitgeführt und dort als Endmoräne gestapelt.
An den Randklüften von Firnfeldern und Eis erreicht die Frostverwitterung ihre Extreme. Im Temperaturrhythmus um +/- 0° Celsius werden – aufgrund des steten Gefrierens und Schmelzens der stets vorhandenen Feuchtigkeit – selbst die härtesten Gesteinsverbände aufgebrochen. Die Erosion führt zu Gletscherschrammen, Rundhöckern und scharfen Graten.
Das Haupttal wurde vom Eis stärker ausgeschürft, seine Sohle liegt tiefer als die der Nebentäler. Diese münden mit einer Talstufe und bilden »Hängetäler«.
Aufgrund der erodierenden Wirkung der Hanggletscher wurde der Hang zu einer tiefen Mulde, dem Kar, ausgeschürft.
Die Grate und Zacken der Hochgebirgsgipfel im Umkreis des Rauhjochs verdanken ihre Formen den seitlich eingetieften Karen.

Vom Gletscher geformtes Tal.

Im Seebertal lagern Disthen, Hornblende, Bergkristall, Sillimannit, Muskowit, Biotit, Fuchsit, Hämatit und Rutil. Und vor allem: Granate.

Reichtum

Unzählige Granate (Almandin) stecken in den Glimmerschiefern des Ötztal-Stubai-Altkristallins.
Grobschuppige Muskowit-Kristalle (Hellglimmer) umfließen linsenförmig die eingelagerten Schwerminerale. Seine besondere Härte (7 bis 7,5) und eine intensive Rotfärbung erheben den Almandin zum Edelstein. Plinius der Ältere benannte ihn nach der kleinasiatischen Stadt Alabanda »carbunculus alabandicus«.
Bereits seit langem ist das Gebiet im hinteren Seebertal und am Granatkogel als Fundort für schöne, bis faustgroße Granatkristalle bekannt. Die braunroten Kristalle weisen scharfe Kanten und glatte Flächen (Rhombendodekaeder oder Ikositetraeder) auf.
Der Granatkogel besitzt das reichste Almandinvorkommen der Ostalpen. Auch am Hochfirst, am Rauh- und Timmelsjoch werden sie von Strahlern gesammelt.

Man weiß vom einstigen Bergbau auf der äußeren Seeberalpe, am Nordosthang des Königskogels (Kupfer–Blei–Zink–Erze). Er wurde aber aufgelassen »größtentheils aus Holzmangel zur Verarbeitung des Erzes, obgleich es noch im Jahre 1720 einen neuen Aufschwung genommen hatte« – berichtet Beda Weber.

Die Geburt

Das Wort »Granat« wurde wahrscheinlich von Albertus Magnus 1270 erstmals verwendet (lateinisch »*granum*« = Korn). Damit wird eine ganze Mineralienfamilie bezeichnet.
Granate sind nicht als fertige Schönheiten in die Gesteinsmatrix hineingesetzt, sondern keimen erst später im Muttergestein. Ihr Feinbau wird von Druck und Temperatur im Gestein kontrolliert. Die Kenntnis vom Einfluß dieser physikalischen Parameter erlaubt die Rekonstruktion der Bildungsbedingungen des Gesteins. Granate sind deshalb brauchbare Geothermometer und -barometer und gehören größtenteils einer mittelgradigen Metamorphose bei etwa 500° C an.
Unter erschwerten Metamorphosebedingungen verdrehen sich Granate S-förmig und schließen im Wälzen noch andere Minerale der Umgebung ein (Schneeballgranat). Solche Härtefälle behindern die Granate nicht am Wachstum und in der Ausbildung vollkommener Strukturen.
Seine Durchsetzungskraft ist eine der besonderen Eigenschaften dieses Minerals.

Das Timmelsjoch scheidet geographisch Ötztaler und Stubaier Alpen. In der Eiszeit lag das Joch (2.509 m) 300 m unter dem Gletscher. Kaiser Maximilian ließ von hier einen Weg zum Schneeberg bauen.

Der Schneebergzug

Das gesamte Seebertal bettet sich in den Schneebergzug. Es liegt als enge Mulde eingeklemmt zwischen dem Ötztal-Altkristallin im Nordosten und der Laaser Serie im Südosten.
Die Muldenfüllung des Schneebergzuges wird auch »Serie von Saltnuss« genannt. Vor allem Granatglimmerschiefer mit einzelnen Marmor- und Dolomitlagen spannen den Gesteinsbogen. Beidseitig eingerahmt wird diese Formation von der sog. Bunten Serie (»Serie von Gspell«) – das durchschnittlich 20 Meter mächtige Band vereint Quarzite, Marmore, Großgranatglimmerschiefer, Amphibolite und Hornblendengarbenschiefer.
Das Seeberspitz Synklinorium schließt im Süden an die Hauptmulde an. Es beinhaltet hauptsächlich Kalkglimmerschiefer.
Im Westteil drückt sich der Amphibolit des Granatkogels als basischer Komplex aus den Steilhängen.
Das frische, gut auskristallisierte Gesicht der Gesteine und Mineralien ist der jüngsten, frühalpinen Metamorphose zu verdanken. In der Oberkreide war das Gebiet mit Temperaturen von mindestens 550° C und Überlagerungsdrucken von 5.000 bar gestreßt. 15 bis 20 Kilometer tief mußten dabei die Gesteine versenkt werden, damit Minerale wie Hornblende, Granat, Staurolith und Disthen geeignete Wachstumsbedingungen fanden.

Das Bergwerk

Der Schneeberg blickt auf ca. 800 Jahre Bergbau zurück.
Die Erzadern des Südtiroler Schneebergs ziehen sich in einer Höhe von ca. 2.000 bis 2.500 Metern durch den Bergkamm, der das Ridnauntal vom Passeiertal trennt. Sie liegen außerhalb des Naturparks.
Vor über 400 Millionen Jahren, im Paläozoikum, traten hydrothermale Lösungen aus, welche Metall-Ionen mitführten. In Verbindung mit Schwefel-Ionen entstanden daraus Sulfide wie Silberglanz, Bleiglanz und Zinkblende. Weitere Umwandlungen und die Alpenbildung brachten die Erzadern zur heutigen Form und Lage. Ungefähr 90% des Erzes besteht aus Zinkblende, 10% aus Bleiglanz. Geringe Mengen an Silber, Eisen, Cadmium und Gold sind enthalten.
Die erste schriftliche Erwähnung des »argentum bonum de Sneberch« geht auf das Jahr 1237 zurück. Den Höhepunkt erlebte der Schneeberg um das Jahr 1500. In 70 Stollen schürften ca. 1.000 Knappen nach silberhaltigem Bleiglanz.
Die Zinkblende, das Haupterz des Schneebergs, begann man erst 1871 abzubauen. Im Dezember 1979 stellte man den Erzabbau ein – er war nicht mehr rentabel.

Krummseggenrasen

(Vegetation im Hochgebirge)

Auf Höhen von ca. 2.000 bis 3.100 Metern breiten sich auf feinerdereichen, sauren Braunerden die Grasheiden der Krummsegge aus. Eine fahlgelbe Farbe entsteht, da die lockig gedrehten Laubblattspitzen fast immer von dem Pilz Pleospora elynae befallen werden und so frühzeitig absterben. Der Krummseggenrasen hat ca. fünf Monate Aperzeit und genießt im Winter Schneeschutz. Nach oben geht er in die subnivalen Schuttfluren über, nach unten in die Bürstlingsweiderasen.
Die Krummsegge kann kaum reife Samen bilden. Also keine Fortpflanzung?
Doch es gibt einen Ausweg: Oft entstehen an der Basis der Triebe Wurzeln, die dem Horst nahezu waagrecht vorauswachsen. Dieses Wachstum braucht viel Zeit – der Rasen wächst ca. 1 Meter in 1.000 Jahren.

Der Blaue Speik.

Krummseggenrasen mit Blauem Speik und Dreispaltiger Binse

(zwei Varianten des Krummseggenrasens)

	mit Blauem Speik	mit Dreispaltiger Binse
Mittlere Temperatur	kalt	etwas milder
Schneebedeckung	ca. 8 Monate	kürzer
Boden	fast noch Rohbodenstadium	mit mehr Feinerde, Nährstoff und Humus

Begleitpflanzen

Krummseggenrasen mit Blauem Speik

Alpenrispengras, Bayerischer Enzian, Faltenlilie, Gletscherhahnenfuß, Kleinkopfige Segge, Krautweide

Krummseggenrasen mit der Dreispaltigen Binse

Berghauswurz, Bergnelkenwurz, Braunes Katzenpfötchen, Bunthafer, Einblütiges Berufkraut, Haller's Schwingel, Kärntner Greiskraut, Grasblättrige Teufelskralle, Gemsheide, Gänseblümchen-Ehrenpreis, Kerner's Läusekraut, Moschusschafgarbe, Nacktried, Schöne Binse, Schweizer Löwenzahn

beiden gemeinsam (wenn auch mit ungleichem Deckwert und unregelmäßigem Vorkommen)

Krummsegge, Ährige Hainsimse, Alpenwucherblume, Grünblütige Miere, Lebendgebärender Knöterich, Moossteinbrech, Strunkflechte, Weiße Rentierflechte, Zweizeiliges Kopfgras, Zwergprimel

Schneebodenvegetation

Die Netzweide.

Der Gletscherhahnenfuß.

In Nordlagen liegen Geländemulden, Bodeneinsenkungen und Verflachungen oft 10 Monate im Jahr unter dem Schnee und werden im Frühsommer von Schmelzwasser überrieselt.
Während auf Karbonatunterlage – im Bereich der Hohen Weiße, des Lodners und der Hohen Wilde – die Quendelblättrige Weide, die Blaukresse, die Netzweide und die Stumpfblattweide je nach Grob- oder Feinschutt den Konkurrenzkampf gewinnen, breiten sich auf Silikatböden vor allem Krautweideteppiche aus. Die Braune Hainsimse bildet auf Schutt kleinere Bestände. Das Widertonmoos formt dunkelgrün schimmernde, weiche Teppiche vor allem auf sandigen Gletscherböden, welche etwa 1,5 bis 2 Monate schneefrei bleiben. Die Anpassungsformen sind bei der Schuttvegetation näher beschrieben.

Formen der Anpassung

(Vegetation im Schutt)

Auf einer nährstoffreichen, 8 bis 9 Monate lang schneebedeckten Moräne mit Karbonat- und Silikatanteilen breitet sich eine Vegetation aus, in der Schneebodenarten und Schuttpflanzen zu etwa 40% den Boden bedecken. Die Arten, die sich nach den Eiszeiten – von tieferen Lagen aus – hier angesiedelt haben, stellen zwar nicht ideale Gebirgspflanzen dar, besitzen aber eine oder mehrere Voraussetzungen für diesen hochalpinen Standort.

Der Gletscherbart.

Fast alle Pionierpflanzen auf Schutt haben einen niedrigen Wuchs.

Zwergwuchs

Die Quendelblättrige Zwergweide, an den äußerst kleinen Blättern leicht zu erkennen, bildet dichte, gedrungene Spaliere, die sich dem Boden anschmiegen, um die Blüten vor Wind und Kälte zu schützen. Die Krautige Zwergweide (1 – 8 cm hoch) wächst auf schwach sauren bis basischen, kalkarmen Unterlagen. Ihre Zweige »kriechen« im Bereich des Bodens. Im Sommer beginnen dünne unterirdische Ausläufer zu wachsen. Sie werden in wenigen Wochen etwa 5 cm lang.

Einige weitere kleinwüchsige Blütenpflanzen sind: Schlaffrispe, Kleinrispe, Immergrünes Felsenblümchen, Alpenmargerite, Alpenleinkraut, Zwergsoldanelle, Zwerggänsekresse, Kleinblütige Segge, Goldfingerkraut, Zwergruhrkraut, Ährenhainsimse, Alpenlöwenzahn, Schwarze Edelraute, Alpengemskresse, Dunkler Mauerpfeffer, Zweiblüten-Sandkraut, Bayerischer Enzian und Einkopf-Berufkraut.

Die vegetative Vermehrung

Mangelnde Wärme verlangsamt die biochemischen Vorgänge; so müssen manche Pflanzen die Entwicklung der Blüte auf mehrere Jahre ausdehnen (z.B. Gletscherhahnenfuß). Oft mangelt es auch an bestäubenden Insekten.
Als Ausweg bleibt die vegetative Vermeh-

rung durch Ausläufer, Brutknospen oder Tochterrosetten.
Die Kriechende Nelkwurz (Gletscher-Petersbart – leuchtend gelbe Blütenblätter, braunrote, gedrehte Fruchtschöpfe) ziert die Gletschermoränen. Von einer Pflanze gehen längere Ausläufer aus, die in feiner Erde wurzeln. Es bilden sich sodann neue Rosetten, die wiederum Ausläufer entlassen. Bei günstigen klimatischen Verhältnissen können auch die Samen reifen und keimen, die durch den behaarten Griffel leicht vom Wind erfaßt werden.
Ein weiteres Beispiel: die Berghauswurz. Der Haupttrieb wächst langsam – so bleiben die Abstände zwischen den Blättern sehr kurz, es entsteht eine dichtstehende Blattspirale, die Rosette. Aus den Blattachseln entwickeln sich Ausläufer, die in dichtem Abstand weitere Rosetten aufbauen.
Weitere Rosettenpflanzen: das Immergrüne Felsenblümchen, die Alpengemskresse und der Mannsschild-Steinbrech.

Der Vogelknöterich ist leicht erkenntlich an dem dünnen, aufrechten Stengel und dem Blütenstand mit vielen kleinen weißen Blüten, deren Farbe zum Teil in Rosarot übergeht. Die Ähre trägt im unteren Teil dunkelbraune Brutzwiebelchen, die sich von der Pflanze loslösen und zu neuen Pflänzchen heranwachsen können.

Der Polsterwuchs

Langsames, gleichmäßiges Wachstum und die Anlage von ebenmäßigen Verzweigungen lassen Pflanzenpolster entstehen.

Das Stengellose Leinkraut.

Diese Wuchsform mildert die Auswirkungen von extremer Temperatur und Feuchtigkeit. Sie ermöglicht zudem, die Pflanzenreste anzusammeln und festzuhalten, die sonst vom Wind vertragen würden.
Es haben sich verschiedene Typen ausgebildet.
Kriechpolster bleiben flach. Ihre Wuchsform begünstigt auch die vegetative Ausbreitung, weil die Äste am Rande des Polsters infolge von Frostbewegungen oder wanderndem Schutt von der Mutterpflanze abgelöst werden können.
Beispiele: Roter Steinbrech, Stengelloses Leimkraut.
Rosettenpolster: Rosettenblätter formen ein Polster, z.B. Berghauswurz.

Die Wasseramsel

(am Wasser zu allen Jahreszeiten)

Da sitzt im Gebirgsbach auf einem Stein ein amselgroßer Vogel – plötzlich ist er im reißenden Wasser verschwunden. Schade um den Vogel!
Wenn es nicht die Wasseramsel wäre ...
Die Wasseramsel ist der einzige Singvogel, der den Großteil seines Lebens unter Wasser verbringt. Sie lebt in Bächen mit nicht allzu hohem Wasserstand und mit gemäßigter Fließgeschwindigkeit. Die Qualität des Wassers und die Art der Ufer spielen eine Rolle, das Bett sollte kiesigen Grund und eine reiche Wirbellosenfauna aufweisen. Die meisten Bäche des Passeiertales sagen der Wasseramsel zu. Sogar mitten im Winter ist sie anzutreffen, sofern noch eine eisfreie Uferstelle oder ein Zugang durchs Eis vorhanden ist.

Die Wasseramsel.

Die Wasseramsel hat keine Schwimmhäute (wie etwa die Enten oder Gänse). Nicht zu schwimmen – zu tauchen ist ihre Kunst. Sie läßt sich ins Wasser fallen und rudert mit den Flügeln bis zum Bachgrund. Dort hält sie sich mit ihren kräftigen Krallen fest oder läuft einige Schritte gegen die Strömung weiter. Mit dem leicht aufwärts gebogenen Schnabel wendet sie kleinere Steine oder Holzstücke, stochert in den Beständen des Quellmooses und pickt die entdeckte Nahrung auf: Käfer, Bachflohkrebse, Köcherfliegenlarven ...
Sodann beginnt für die Wasseramsel die lebensnotwendige Pflege ihres Gefieders. Es ist wichtig, jede Feder gründlich einzufetten. Die Nasenlöcher sind unter Wasser durch feine Häutchen verschließbar. Das Gefieder ist sehr dicht und schützt den Körper vor Nässe und Kälte.
Schon im Jänner ist ihr munteres, schnurrendes und plätscherndes Balzlied zu hören – es verbindet sich mit dem Gurgeln und Murmeln des Wassers zu einer einzigen Melodie – auffallend laut, muß es wohl sein neben dem Rauschen des Wassers.

Nachstellungen von seiten der Fischer wegen vermeintlicher Schäden an den Fischbeständen gehören glücklicherweise der Vergangenheit an, doch ist die Wasseramsel weiterhin gefährdet:
Die Verbauung der Flüsse hat wertvollen Lebensraum, vor allem die Uferbereiche zerstört. Die Verschmutzung des Wassers vernichtet die Kleintierwelt und entzieht der Wasseramsel auf diese Weise die Nahrungsgrundlage.

Die Köcherfliege

(fast jeder kennt sie – und fast niemand)

Fast jeder kennt sie – die Larve der Köcherfliege, am Grunde des alten Brunnentroges, im Ufersand des Baches, in ihrer röhrenförmigen Hülle, gebaut und verklebt aus Sand, Steinchen, Nadeln oder Gras.
Fast niemand kennt sie – die Köcherfliege oder Köcherjungfer (Limnophilus).
In Südtirol wurden bisher 75 Arten von Köcherfliegen nachgewiesen.
Die ausgebildeten Insekten gleichen eher einem Schmetterling als einer Fliege.
Die Weibchen legen ihre Eier an die Ufervegetation oder direkt auf die Wasseroberfläche. Ihre Larven haben einen sklerotisierten (= verhärteten) Kopf und kräftige Beißwerkzeuge und leben meist als Räuber. Auch der Brustabschnitt ist verhärtet und trägt drei gut entwickelte Beinpaare. Der Hinterkörper ist jedoch sehr weich und steckt im berühmten »Köcher«, um geschützt zu sein.
Die meisten Köcherfliegenlarven benutzen zum Bau ihres Köchers Material aus ihrem Lebensraum. Mit einem klebrigen Seidenfaden fertigt die Larve eine Röhre um sich und befestigt daran das Köchermaterial. Zahlreiche Arten haben ein spezifisches Baumuster, so daß man sie bereits anhand ihrer Gehäuse bestimmen kann. Es gibt aber auch Arten, die während ihres Lebens das Baumaterial wechseln.
Während der Zeit des Wachstums fügen die Larven am vorderen Ende des Köchers neues Material an. Die Köcher sind stets an beiden Seiten offen. Die Bewegungen der Larve erzeugen einen Wasserstrom durch das Gehäuse; dadurch wird das Tier laufend mit Sauerstoff versorgt. Zwei Haken am Hinterleib greifen in die seidene Auskleidung des Köchers, damit die Larve ihr Gehäuse nicht verlieren kann.
Larven in rasch fließenden Gewässern kleben größere Steinchen an ihr Gehäuse. Dies bewirkt, daß die Tiere vom Wasserstrom nicht mitgerissen werden.
Einen anderen »Einfall« hat eine Art entwickelt, die vor allem in Forellengewässern vorkommt. Sie befestigt einen oder mehrere Zweige am Köcher und kann so nicht verschluckt werden. Nicht nur Fische begehren die Köcherfliegenlarven, auch zahlreiche Vögel schätzen sie als besondere Leckerbissen.
Die Verpuppung findet im Köcher statt, der zuvor an einer Unterlage festgesponnen wird. Die frisch geschlüpften Köcherfliegen sind oft in großer Zahl über dem Wasser zu beobachten. Sie sind eine begehrte Beute für Vögel (Schwalben) und Fledermäuse.
Die Entwicklung dauert ein Jahr:
Verpuppung der Larve, Schlüpfen des Insektes, Paarung und Eiablage finden im Frühjahr statt, anschließend das Larvenstadium bis zum nächsten Frühjahr.
In alten Brunnentrögen und an seichten Bachufern kann man mit Muße ihre Lebensweise beobachten – und sich über die unterschiedlichsten Baumaterialien ihrer Köcher wundern.

Amphibien im Hochgebirge

(Grasfrosch und Alpenmolch)

Der Grasfrosch.

Über der Waldgrenze leben in unserem Gebiet nur wenige Amphibienarten.

Als Amphibien bezeichnet man Wirbeltiere, die sowohl im Wasser als auch auf dem Lande leben (griech. *amphi* = beidseitig und *bios* = Leben).
Beim deutschen Begriff »Lurche« unterscheidet man »Schwanzlurche« (z. B. Molche) und »Froschlurche« (Frösche und Kröten).

Der Grasfrosch (Rana temporaria) ist der häufigste Froschlurch in unseren Wäldern und der einzige, der sogar noch in Höhen bis 2.600 Meter angetroffen wird. Er hält sich oft nur während der Paarungszeit und zur Überwinterung im Wasser auf. Die übrige Zeit verbringt er an feuchten Stellen im Laub- und Nadelwald oder an Hangquellen mit Torfmoosflecken, an kleinen Rinnsalen …
Die Farbe der Oberseite variiert zwischen bräunlich, grau, rötlich, oliv und gelblich, die Unterseite zwischen gelblich, orange oder weiß, oft dunkel gefleckt oder marmoriert. Auch am Rücken befinden sich manchmal dunkle Flecken.
Grasfrösche suchen jährlich zur Laichzeit das gleiche Gewässer auf. Die Grasfroschweibchen legen große Mengen an Eiern (2.000 bis zu 4.000). Jedes einzelne Ei ist von einer Gallerthülle umgeben, die es vor dem Gefressenwerden schützen soll. Aus

den Eiern schlüpfen die Kaulquappen, die den Sauerstoff mit Kiemen aus dem Wasser aufnehmen. Im Uferbereich mancher Teiche sind die kleinen, schwarzen Kaulquappen in solchen Mengen vorhanden, daß der braune, schlammige Boden nicht mehr zu sehen ist, so auch, im Bereich unserer Wanderung, im Flachwasser des Seebersees.
Kaulquappen sind für viele Tiere eine begehrte Nahrung, ihre Zahl schrumpft somit rasch. Dies gilt auch für die jungen Frösche, die nach ihrer Umwandlung das Wasser verlassen.
Erst im nächsten Frühjahr werden sich die Überlebenden wieder im Laichgewässer einfinden.

Auch der Berg- oder Alpenmolch (Triturus alpestris) sucht gewöhnlich nur in der Paarungszeit Gewässer auf. Doch die Zeit der Laichablage zieht sich weitaus länger übers Jahr als bei den Fröschen. So wird man bis in den Herbst hinein in Tümpeln und Seen Molche antreffen. Auch außerhalb dieser Zeit entfernt sich der Alpenmolch nicht sehr weit vom Wasser. Er lebt dann – zumeist verborgen unter Steinen – an feuchten, kühlen Standorten. Zur Zeit der Fortpflanzung tragen die Männchen ihr charakteristisches »Hochzeitskleid« – dunkler Rücken mit einfarbig orangem bis rotem Bauch. Die Flanken sind meist mit kleinen schwarzen Punkten auf hellblauem Grund geziert.

Sogleich nach der Eisschmelze beginnen die Männchen mit den ausgeprägten Balzspielen. Sie umwerben die Weibchen, indem sie sie mit ihrer Schwanzspitze befächeln – gelegentlich holen sie jedoch auch zu peitschenartigen Schlägen aus.
Das Männchen setzt sodann ein Samenpaket ab, über das das Weibchen geführt wird, um es mit der Kloake aufnehmen zu können.
Die Eier werden meist einzeln an Wasserpflanzen abgelegt. Die Larven sehen den erwachsenen Tieren bereits recht ähnlich. Sie atmen aber mit den Kiemen, während die ausgewachsenen Tiere Lungen haben und zum Atmen an die Wasseroberfläche schwimmen müssen.

Der Alpenmolch.